老いの上機嫌

90代！
笑う門には福来る

樋口恵子
Keiko Higuchi

中央公論新社

はじめに

「機嫌よく生きなければもったいない！」

私がいつも講演会などで皆さんにお伝えしてきた言葉です。

「高齢期を幸せに生きるために」「社会福祉・介護・終活」といったさまざまなテーマでお招きいただき、全国津々浦々を飛び回って半世紀ほど……、ついに自身が90代となりましたが、「せっかくの人生、機嫌よく生きなければ損」という思いをますます強くしています。

戦後大きく変わったことのひとつは、日本人の寿命が大きく延びたこと。長寿は平和と豊かさがなければありえませんし、そのことには日々感謝の念を抱いています。

長寿のありがたさを噛みしめるいっぽう、「人生100年時代」のフタを開けてみると、歳を重ねるにつれて健康面の心配やお金の不安が少しずつ増えてくるようです。生きるのも大変ですが、いかに死ぬかも大変な時代になりましたから、「老いの日々は不機嫌なものだ」と言う人もいらっしゃるでしょう。

正直なところ、私にもそういうときはあります。耳が遠くなったり、少し気が短くなったり、足腰のヨタヘロ具合も確実に進行中。転倒によるケガや90歳目前の乳がん発見、お財布の中身の減り具合……。気がかりなことや思い通りにいかないことがあると、「あ〜ァ、長生きしたからこんな目に遭うんだ」と嘆くことも――。

でも、すぐ考え直します。ここまで生き延びることができたのだから、生きてああだこうだと言える幸せを深く自覚しなくてはいけないと。後ろ向きの考えが浮かぶのは仕方ないけれど、そのことにとらわれるのはいけません。

自分で「ご機嫌」のスイッチを入れることができれば、前向き人生のスタートです。「老い」についても、「私にとってははじめての大航海だ！」などと発想の転換をしてみるのは、自分なりの知恵なのです。

さて、本書では、恥ずかしながら個人的な老いの日々を「実況中継」していきます。90代、どんなふうに暮らし、どんなふうに衰えていくのか、自分でも興味津々(笑)。そして、私が実践してきた「ご機嫌のヒント」をちりばめました。たとえば、次々と新しいデジタル技術が生まれる時代、用語もやり方もわからないことばかり。でも、なんにでも興味を持って意欲的になることは、脳を若々しく保ってくれますし、まさにご機嫌の源です。「好奇心は老いを豊かにする資産」だと思っています。

91年ものあいだ、うれしい出会いや悲しい別れ、人生の苦楽をたくさん経験しながらなんとか乗り切ってきました。小さなころからおてんばで、ほめられると調子に乗りやすく、仲間と一緒になるとさらに百人力になって働いてきた私は、そのまま、前向きなおてんばバアサンになったフシがあります。

「トホホな老後をアハハに変えられる」のも、ご機嫌スイッチがあればこそ。人生を最後まで面白く、賢く、上機嫌に過ごしたいものですね。お役に立つかどうかはさておき、この本を手にとっていただいた方をクスッとさせ、多少なりとも励ますことになれば、これ幸いです。

樋口恵子

老いの上機嫌　目次

III

IV

V

装画　霜田あゆ美
装幀　アルビレオ
構成　篠藤ゆり

老いの上機嫌

90代！笑う門には福来る

I

衣食住は「機嫌よく」がカギ

いつなにがどう衰えていき、
暮らしはどう変わってきたか。
あくまでも個人的体験ですが、
私の日常を「実況中継」して
みたいと思います

「今日なに食べた？」もの忘れ予防術

ボケ防止と低栄養防止のために

いま、わが家のダイニングテーブルにはこんなメモが置かれています。

○月○日　夜
麻婆豆腐丼、牛乳、茹でたイカ
○月○日　昼
鶏肉ソテー　リンゴソースかけ

ニンジンのめんたいこ和え
しらたき、ピーマン、れんこんの炒め物
ミニトマトとアスパラガスのサラダ

この日のランチメニューが充実しているのは、お料理上手なシルバー人材センターの女性のおかげです。週に2回来てもらい、おかずのつくり置きもお願いしているので、それと娘が買ってくるお惣菜、週1回の配食サービスで日々の食事をまかなっています。

メモを書くようになったのは、娘に命じられたのがきっかけです。夜遅く仕事から帰ってきた娘に「今日はなにを食べたの？」と聞かれ、「あれっ、なんだったかしら」と思い出せない日が続いたので、業を煮やしたのか――「食べたものをメモしておくように」と言い渡されました。

私は80代半ばころ、低栄養と貧血になったことがあります。自分で料理をするのがおっくうになり、食も細くなってきたので、ひとりのときはクッキーやパンで済ませることも。その結果、体調を崩してしまいました。ですから娘は心配し、きちんと食べているかどうかを確認してくれるようになったのでしょう。ちょっぴり面倒ではありますが、いまのところ真面目にメモ書きを続けています。この新たな習慣は、どうやら親子関係と私の健康管理に役立っているようです。

ご同輩も「昨日はなに食べたっけ」という場面が増えておられるころでしょう。なんでも「前の日に食べたものを思い出せないのは、単なるもの忘れ。食事したことを思い出せないのは、認知症のサイン」だとか。ですからまぁ、年相応のもの忘れだろうと、私はあまり深刻には考えていません。

得意料理のレシピは大皿で

前の日に食べたものを思い出せなくても、昔食べたものや得意料理はパッと思い出せます。たとえば鶏飯《けいはん》。つい最近も、助手から「ヒグチさんの鶏飯、本当においしかった。また食べたい！」と言われ、「〝お殿様の鶏飯〟ね。レシピを教えるからつくってよ」と申しました。

〝お殿様の鶏飯〟というのは、私が得意としていたおもてなし料理。栄養満点で、しかも材料費もそれほどかかりません。大学時代に出会った親友の結婚相手が、その料理の伝わる由緒あるご一族だったので、〝お殿様の〟と呼びならわしています。若いころ、その親友のお宅でこの鶏飯を出してくださり、あまりにおいしかったのでつくり方を教えていただきました。ざっくりご紹介すると、こんな感じです。

①鶏の胸肉を、ショウガを入れたお湯で茹で、茹で汁と身を分けておく。
②錦糸卵をつくる。
③干しシイタケを甘辛く煮て、薄切りにする。

④炊いたご飯と③の半量を、飯台でざっと混ぜておく。
⑤④を器に盛り、ほぐした①、②、③の残り半分、青ネギの小口切り、福神漬けをのせ、茹で汁をベースにしたスープをかける。

つくり始めたころは、教えていただいた通り、律儀に鶏ガラでスープをとっていました。でもあるときから、「そ〜んな、面倒くさい！　鶏肉を茹でてスープをとれば一挙両得」と簡略化。ただし、「福神漬けは必ず使うべし」という教えは守っています。

大きな飯台にご飯を、大皿に具を盛っておき、あとはセルフサービス。友人や学生たちが遊びに来るなど、うちで大勢集まるときによくつくりました。言うなれば鶏スープ茶漬けで、色とりどりの具材の取り合わせが絶妙。来客など人数が増えても融通がきくのでおすすめです。

料理好きでもいつかは「調理定年」

料理について思いをめぐらせていると、食卓を囲む人たちの笑顔まで、映画のように脳裏に浮かびます。そして〝料理の音〟もまた、懐かしい記憶です。

結婚した夫は私が32歳のときに亡くなり、その後、2番目の連れ合いと出会って暮らしました（事実婚です）。連れ合いは早起きで、私は夜更かしの朝寝坊。ですから寝室兼それぞれの仕事部屋は別にし、彼は1階、私は2階でした。

朝、目が覚めると、階下の台所からトントントンと包丁の音が聞こえてきます。「おぉ、やっちょる、やっちょる」とうれしい気持ちでベッドから出て、着替えて1階に下りると、朝ごはんが半分以上できているのです。トーストと目玉焼き、サラダのこともあれば、ご飯に塩鮭、味噌汁のこともありました。そのかわり、晩ごはんは私の役目です。

ごく自然に分担できたのは、2人とも、食べることも料理も好きだったからでしょう。「老後はカレー屋をやろうか」などと語り合ったことも。連れ合いは60代半ばで病に倒れたので、残念ながら見果てぬ夢に終わってしまいました。

7年前に家を建て替えたら、台所の使い勝手がすっかり変わってしまい――そのころから足腰が弱くなり、なにをするにもヨタヨタヘロヘロする、いわゆる「ヨタヘロ期」に突入したこともあって――徐々に料理する回数は減少。

以前、仕事に定年があるように、主婦にも「調理定年」があっていいと発言しましたら、大きな反響をいただきましたが、私は老いて無事「調理定年」を迎えました。いまでは食事の支度はシルバー人材センターの方や娘の手を借り、食べたものをメモ書きする毎日です。

心がなごむ配食仲間との「友食《ゆうしょく》」

配食サービスは週に1度、金曜日の夕食をお願いしています。私がお願いしている配食サービスは、たとえば週に3日分以上頼まなくてはいけない、といった規定はありません。1食でも持ってきてくれるので融通が利き、急に予定が入りやすい私にとって、使い勝手がとてもよいのです。玄関前の保冷箱に保冷剤を添えて入れておいてくれるので、家にいなくても受け取れる点も気に入っています。

あるとき、親しい方のお母様が同じ配食サービスを頼んでいることを知りました。しかも私と同じ金曜日。聞けばお弁当のメニューも同じです。その話を聞いてから、金曜日の夜、ひとりでお弁当を広げながら、「あぁ、Sさんの母上もいまこれを召し上がっているのね」と、なんとなく親近感を抱くようになりました。

不思議なもので、たったそれだけのことで「孤食」の寂しさが薄まります。ときには「いくら年寄り向きだからといって、もう少し、味つけを濃くしてもいいんじゃない?」などとぶつぶつ。なんだかSさんのお母様に話しかけながら一緒に食べているような気がしてきます。

たとえひとりで食事をとる「孤食」であっても、いま、同じお弁当を食べている知人がいるというだけで、ほっとしたような、ちょっと温かい気持ちになるのですね。そこで配食仲間との食事を「友食」とネーミングしてみました。おかげで箸が進むように。これには驚きました。

以前は保冷箱にお弁当を取りに行くのをつい忘れ、娘に怒られたりしたものですが、最近はそういうこともなくなり、娘も安心しているようです。食べ忘れがなくなったせいか、夏も元気に過ごすことができました。やっぱり、食べることは生きる基本ですね。

避けて通れない高齢者の「孤食」問題

高齢者の「孤食」が心身の健康に悪影響を及ぼすというのは、研究でも結果が出ているようです。ですからこれまで私は、地域に「じじばば食堂」をもっと増やしてほしいと提唱してきました。できることなら、子ども食堂と合体させてもらいたい。そして70代の「まだまだ現役の元気じじばば」にそこで働いていただければ、やりがいとちょっとしたお小遣いが得られ、世代間の交流もできます。

最近は小学校の縮小や統廃合などが進んでいる地域もあるので、空き教室を使う手もあります。なにかしらそんな工夫ができないものかと、機会があるごとに発言してきました。でも自分自身ヨタヘロが進み、ひとりでの外出ができなくなると、これでは「じじばば食堂」に出向くことも難しいと実感しました。

おひとりさまには〝お仲間〟がいるといい

最近は独居の高齢者が増えています。また、たとえ家族と同居していても、昼間はひとりという高齢者も少なくないでしょう。ですから高齢者の孤食率はかなり高いはずです。

私は幸い、週に2回はシルバー人材センターの方に料理をつくっていただけます。また、仕事を手伝ってくれている人たち3、4人と、ランチを共にする機会も楽しい時間。フルタイムで働いている娘とは生活の時間帯が違うので、朝食と昼食は別。ときどき、夕食を共にします。週に何度か夕食を一緒に食べてくれることに対して、娘には心から感謝しています。そこに週1回、配食サービスを加えたことで、食生活がかなり充実するようになりました。しかも配食仲間もできたのですから、言うことありません。おかげで栄養のバランスが取れるようになりました。

そこでひとつ提案。お友達と相談して、同じ曜日に配食サービスをお願いしてみたらどうでしょう。ときには食後電話で話して、「あのおかず、どうだった?」などと論評するのも、悪くないはず。それができなくても、「あの人もいま、これを食べているのね」という思いがおいしい〝ふりかけ〟になって、いつもより食が進むかもしれませんよ。

友人との語らいは至福のとき。郵便か、はたまたスマホか

ハガキを書くと、脳が刺激されて楽しい

電話で友人と話すのは、至福のとき。足腰が弱り、外出がしにくくなった高齢者にとってはなおさらです。私も電話で旧友や仕事関係で出会った盟友たちとのおしゃべりを楽しんでいます。なかには私より年上の方もいて、受話器越しに伝わってくる元気さに圧倒されますし、私も負けていられないと思ったりします。

先日、90代の方と電話でお話ししていたときのこと。「最近、耳がよく聞こえなくなったので、これからは手紙でやりとりしましょう」との提案をいただきま

した。補聴器を使っても電話の声が聞き取りにくい、という人の話を聞いたことがあります。私はいまのところ大丈夫ですが、そのうちもっと耳が遠くなればトンチンカンな会話になってしまうかもしれません。電話は楽しいけれど、手紙をやりとりするのもうれしい。そんなことを思いながら電話を切りました。

するとその日のうちに、別の友人から電話がありました。

「病気で右手がうまく使えなくて、ペンや筆を握っても落っことしちゃうの。だから、もう手紙が書けない……」

その友人は毎日のように絵手紙を送ってくれ、私も楽しみにしていました。彼女にとって、絵手紙を描くことは生きがいだったのでしょう。少し寂しそうに、「樋口さん、これからはときどき電話してもいい?」と言うので、「どうぞ、どうぞ」とお答えしました。

そんな出来事があってほどなく、新聞の投書欄に、「毎日のハガキ文通で認知症予防」という投稿が掲載されました。

91歳になる投稿者は、80歳まで保健師として働いていたけれど、最近ちょっともの忘れが激しいとか。そこで学生時代の友人と、お互いの認知症予防のために毎日ハガキのやりとりをし始めたところ、それが生きがいになった。ウォーキングがてらポストに行くことも日課となり、どんなふうに書こうかと考えることで脳が刺激され、楽しくてしょうがない、というのです。

私も、じつはハガキを活用しています。友人への短信や仕事相手へのご挨拶、御礼を伝えたいとき、手紙と違って、ちょっとした気持ちをしたためるのにはじつに便利。電子メールもいいですが、アナログのハガキもまだまだ大事なコミュニケーション手段だなと思います。

コミュニケーション手段にも多様性を

「老い」は、どんな人にも平等に訪れます。しかし、その表れ方は一人ひとり違うもの。まさに「多様性」と「個性」があるのです。

ある人は耳が聞こえづらくなり、ある人は歩けなくなる。目が不自由になる人もいれば、手が麻痺する人もいます。コミュニケーション手段がゼロになるわけではないけれど、どの機能が残るかは人それぞれ。ひとくくりにはできません。

そこで問題になってくるのが、高齢社会におけるコミュニケーション手段やサービスのあり方です。高齢者がコミュニケーションに使える感覚器は、一人ひとり異なります。行政も公共サービスも、老いはじつに多様性を持った個性的なものであるということを前提に、対応していく必要がある。私はそのことを日々実感し、発言しています。

コミュニケーション手段という点では、デジタル技術の進歩、横文字で言うと、ICT（Information and Communication Technology：情報通信技術）なるものを無視するわけにはいきません。私はアナログ世代なので、これまでICTとは距離を置いていました。でも、コロナ禍が始まって、ちょっと変わりました。

というのも、私が理事長をつとめているNPO「高齢社会をよくする女性の会」でも、対面の会合が開きづらかった時期に、パソコン画面でお互いの顔を見ながらミーティングが行えるZoom（ズーム）を使うようになったからです。もちろん設定をしてもらうなど、若い人の力を借りてのことですが、これがじつに便利です。2021年10月、「高齢社会をよくする女性の会」の全国大会が愛媛県の松山で開催されましたが、理事長の私は、遅ればせながら「これからはICTを積極的に取り入れます」と宣言、そのための講演会や勉強会も行いました。

シニアも新しい技術をぜひ取り入れて

Zoomはちょっとハードルが高いという方もおられるかもしれませんが、LINE（ライン）のビデオ通話やスマホの動画機能を利用している高齢者はかなり多いようです。コロナで会えない間、孫が動画を送ってくれたのでうれしかった、といった話もよく聞きます。

また、散歩中にスマホで道端の植物や風景の写真を撮り、友人や離れて暮らす家族に送るのを日課にしている人もいます。スマホに写真を撮ると植物の名前がわかるアプリを子どもに入れてもらったおかげで、散歩の楽しみが倍増した方もおられるとか。人と会うのが難しかった期間、スマホなど電子機器を通しての交流に心慰められた人も多かったのではないでしょうか。

いまの時代のありがたさのひとつは、さまざまなコミュニケーション手段が生まれたこと。多少、学ぶ気持ちさえあれば、何歳になってもコミュニケーションの範囲が広がります。通信会社が高齢者向けに講習会を開いたり、若者が高齢者にスマホやパソコンの使い方を教えるボランティアをしているところも見かけます。

ワクチン接種の予約など、行政サービスを受けるにもインターネット環境がますます必要となる昨今、デジタルが苦手な高齢者向けに、行政がスマホ講習会を開くなどの対策は必須です。その際には〝老いの表れ方〟の多様性や個性をぜひ考慮していただきたいと思います。いっぽうわれわれ高齢者も、コミュニケーション手段の多様性を受け入れる努力をしてみませんか。

高齢者をICTから置き去りにしない、「人生100年時代」ならではの社会が実現できたら、きっと高齢になってからの「生活の質」が上がると思います。次々と新しくて便利な技術やサービスが生まれるので、私自身、わからないことは人に教わりながら、という姿勢でやっております。また、新しいことに対する「好奇心」はいつまでも失わずにいたいとも思っています。「好奇心」は老いを豊かにする資産だと感じています。

補聴器に入れ歯、いろいろとお金がかかる

けっこう物入りな補聴器デビュー

90歳のとき、ついに補聴器をつくりました。目が見えにくくなると、見えないという自覚症状がありますが、聴覚の場合、聞こえない音は「なかったこと」になりがち。ですから、意外と気がつきにくいのでしょう。実際はもっと以前から、耳が遠くなっていたのかもしれません。

そういえばときどき、娘の声が聞き取りにくいとは感じていました。ぼそぼそと低い声だからだと思っていたのですが、私の耳の問題だったようです。仕事を

手伝ってくれている助手からは、「娘さんの小言は聞きたくないという心理が働いて、耳に蓋をしているんじゃないですか？」とからかわれましたが――。

紙おむつ、尿もれパッド、助成制度も調べて

補聴器を使い始めて1年。「ご感想は？」と聞かれると、「いやぁ、不便なものですね」としか言いようがありません。そもそも耳の穴に入れるものですから、サイズがかなり小さく、どちらが上でどちらが下かがわかりにくい。使い始めたころは、しょっちゅう入れ間違えていましたが、1年たってようやく慣れました。

新しいことを覚えるのに時間がかかるようになるのも、〝老い〟の定めなのでしょう。ご同輩からは、「老眼なので、補聴器の小さな電池を入れ替えるのが難しい」「電池を入れ替えようと思って床に落としてしまい、どうしても見つからない」といった話をよく聞きます。

そこで最新の充電式の補聴器にしたのですが、これがどうして、けっこうなお値段です。私は歯にはそれほどお金がかかっていませんが、入れ歯が高額で大変、という嘆きも聞こえてきます。年齢が高くなると、なにかと物入りだと改めて実感しました。

自力での排泄が困難な方の場合、紙おむつ代もバカになりません。もっともこちらは、「要介護3」以上や、医師の判断で日常的におむつの使用が認められた場合は、給付・助成制度の対象になることもあります。ただし、自治体によっては、いわゆる尿もれパッド類は対象外です。

そういえば生理用品やおむつの大手メーカーが、2013年の3月期を境に、赤ちゃん用の紙おむつと高齢者用の紙おむつの売り上げが逆転したというデータを出していました。高齢社会ならではの現象でしょう。

車椅子でめぐるバーゲンはうきうき気分

補聴器や紙おむつなど、現実的な話が続いたので、ここでちょっぴり楽しい話題を。

先日、仕事で午前中出かける機会があり、帰りにデパートに寄りました。水戸黄門ではありませんが、お供は2人の助手。最近はヨタヘロが進んで歩くのが大変なので、デパートで車椅子を借り、彼女たちに押してもらいました。まずは大食堂で食事。久しぶりに〝女子トーク〟を炸裂させながらのランチは、とても楽しい時間でした。

以前はそれなりにお洒落を楽しんだものですが、コロナ以降、前ほど外出をしなくなったこともあり、ここ数年1枚も服を買っていませんでした。そもそもデパートに行くのも、半年ぶりぐらい。車椅子でファッションのお店を眺めているうちに、「あらぁ〜、楽しい！」と、うきうき。折しもバーゲンの季節。買い物をしなくても、見ているだけで気分が高揚してきます。

結局、きれいなグリーンのジャケット1着と、Tシャツ2枚を買いました。明るい色のジャケットを着ると、気持ちも上がりそう。車椅子を押してくれたお礼に助手にもTシャツくらいプレゼントしたかったのですが、残念ながら固辞されました。

私はもう子どもを養う必要はないし、猫の食い扶持《ぶち》さえあれば十分です。でもたまには小洒落たTシャツを買えるくらいのゆとりがあって、ありがたい限りです。デパートに限らずとも、女性にとって、買い物は最高の娯楽と言ってもいいかもしれません。

最近はデパートも、高齢者需要に注目しているようです。店舗によっては、コンシェルジュがタクシーを呼んでくれ、タクシーまで荷物を運び、手を引いてくれるなどサービスが行き届いているところもあり、高齢者にとっては利用しやすくなっているようです。

ときには買い物援助を利用して、街を味わおう

歳をとってヨタヘロ期になると、どうしてもデイサービスや病院といった最低限のこと以外の外出が減ってしまいます。それが浮世の定めかと、うら寂しい気持ちになりますが、たまには買い物援助の自費サービスを利用するなどして〝娑《しゃ》婆《ば》〟の空気を吸ってみませんか？

高齢者は「生涯一有権者」であると同時に、「生涯一消費者」です。私たちは何歳になっても、お米も食べればお茶も飲みます。加えて老眼鏡や入れ歯、補聴器など、長生きできたからこそ使うものもたくさんあります。ですから「消費者としての高齢者」の実力に、もっと注目してほしいのです。

一人ひとりの声は小さくとも、消費者としての意見をどんどん発信していきたいもの。知恵も働かせて、賢く買い物をしたい。そうした声や消費行動が、もっ

と使いやすい補聴器や紙おむつの開発につながるのではないでしょうか。

同時に街のバリアフリー化もさらに進める必要があります。高齢者が出かけやすい街は、ベビーカーを押したり小さな子どもの手を引いたりしているお母さん方にとっても、出かけやすいはず。

最近はとかく世代間の断絶が注目されがちですが、老いも若きも中年も、「明日はわが身」と胸に刻み、暮らしやすい社会、出かけやすい地域をつくっていきたいものです。

どうする!? 墓じまい。おひとりさまの終活

あの世のことと将来のこと

2022年、90歳になったのを機に私の実家（柴田家）の墓じまいに着手しました。私には娘がひとりいますが、未婚で子どもはいないので、将来的にお墓の面倒をみるのは難しいでしょう。ですから、私が元気なうちにお墓問題を解決しておかなければ、と思ったのです。

そのお墓には私の父母と、私が生まれる前に亡くなった姉、若くして亡くなった兄など5つの遺骨が納められていましたが、それらを跡取りが途絶えた人のた

めの供養塔に移すことにしました。お寺さんとは話がまとまったものの、実際に移すのはこれからです。いまのところ私もそこに入れていただく予定ですが、まだ自分のぶんの費用は納めておりません。

私は夫と連れ合いの運に恵まれているようで、2人とも素敵な男性でした。若くして亡くなった最初の夫は、生家の墓に入りました。次の連れ合いは、70歳になる直前に亡くなりましたが、彼は生前、自分の手で先祖代々の墓じまいを完了。ところが自分自身の墓をどうするかは決めないうちに逝ってしまったので、合同墓に納めました。

あの世に行った後、どちらのお骨の側にいたいのかと問われたら、正直返答に困ります。こちらを立てればあちらが立たず、「嫉妬されて〝弔い合戦〟が起きたらどうしよう」などとらちもないことを考えて、ひとりでニヤニヤしたり。「ごめんなさい、もめないように両親と一緒のお墓に入りますね」と決めた次第です。でも本心を言うと、ときどき〝千の風〟にでもなってふわふわ抜け出し、あっちに行ったり、こっちに行ったり。「あなた、あのときは楽しかったわね」などと語り合いたいものです。

おひとりさまの死、遺骨のゆくえは

そんなことを考えていたら、印象深かった記事を思い出しました。２０２２年12月から、『朝日新聞』で連載された「『無縁遺骨』を追う」というシリーズです。その第２回に、２０２１年に88歳で亡くなられたジャーナリストのことが書かれていました。「20年かけた遺言の想定外」というようなタイトルでした。

彼女は１９３４年生まれで、私より２歳下です。テレビ界で働く女性の草分け的存在でした。テレビ局がまだまだ男社会だった時代から仕事をなさっていた彼女には、尊敬の念を抱いていました。何度か仕事の場でお会いする機会がありましたが、さっぱりしているのに物腰は柔らかく、とても素敵な方でした。

記事によると、親類縁者がほぼいない彼女は、50代から終活の準備をされていたとか。公正証書遺言もきちんとつくってあり、遺言執行者や遺産管理人も決めておられました。ところが実際には、死後の手続きは遺言通りに進まなかったそうです。

というのも、自宅でおひとりで亡くなっていたため、ご遺体は行政解剖に。本人はもしものことがあった場合、遺体は大学病院に献体してほしいと願っていましたが、行政解剖されると献体はできない決まりになっているとか。

さらに遺言には、遺骨やお墓についての指示がなかったとのこと。遺書に書かれていない場合、民法では納骨やお墓の管理は祭祀承継者である親族の役目と決められているため、遺言執行者や遺産管理人がどうするか決めることはできない、とあります。私もこの記事を読んではじめて知りました。

大シングル時代、墓守りは難しい

私はだいぶ前から、「ファミレス時代」がやってくると警鐘を鳴らしてきました。ファミレスとはファミリーレス、つまり、「家族および親類縁者が少ないことを意味します。少子高齢化が進み、２０２２年の合計特殊出生率（1人の女性が生涯に産む子どもの数）は1・26で過去最低。しかも令和4年版の「男女共同参画白書」によると、50歳時点で女性の約6人に1人、男性の約4人に1人は結婚経験がありません。まさに大シングル時代の到来です。

かくいう私も、3人きょうだいの末っ子に生まれたものの、姉も兄も早世し、実質的にはひとりっ子。甥も姪もおりません。そして娘はきょうだいがおらず、子どももいないシングルです。私があの世に行ったら、娘の親類縁者はほとんどいなくなります。いわばファミレス時代の申し子といってもいいでしょう。

ファミレス時代において、自分の死の始末をどうつけるのか、そしてお墓をどうすべきかは大きな問題です。しかし実際には、方針を決めないまま亡くなる方も多いでしょう。また、生前に準備していても、安心はできません。なかには納骨堂や霊園と永代供養の契約を交わしたのに、契約したところが倒産してトラブルになるケースもあります。

親や祖父母が入っているお墓を、いつどのように墓じまいすべきか、頭を悩ませている人も多いのではないでしょうか。このように、お墓問題はなかなか一筋縄ではいきませんが、「墓を守る」「お墓の管理は子孫にお任せ」といった従来の慣習が成立しない時代を迎えたのは確かです。ちなみにうちの娘は、将来、猫と一緒に入れる永代供養の樹木葬を探す、などと言っております。

人生100年時代、生きるのも大変ですが、いかに死ぬかも大問題――いやはや大変な時代になったものです。ファミレス時代の「死」やお墓のあり方については、これから多くの知恵を集め、解決策を探る必要がありそうです。そうした場合、行政はどのようなサポートができるのか、またすべきなのか。切実な問題だし、早急に検討すべき課題でもあると思います。

とはいえ、こうした問題を意識して生きるなかで、お墓などをめぐって新しい人間の連帯が生まれそうな気もします。

文化系の人も、ゆるやかな体育会系になろう

お行儀は悪くても、至福のとき

「また寝っ転がって本を読んで。お行儀が悪い！　目が悪くなるわよ！」

皆さまのなかには子どものころ、親御さんからそんなふうに怒られた方もいるのではないでしょうか。ところがわが家では逆。私が娘から怒られるのです。

先日も仕事から帰宅した娘が、たぶん安否確認もかねて私の部屋に来て、いつものお小言。わが国には「老いては子に従え」などということわざがあるようですが、ベッドに寝っ転がって読書をするのは私にとって至福の時間なのです。こ

れを取り上げられたら、大げさではなく生きている甲斐がないので、お小言は聞き流しています。

ベッドで本を読んでいると、猫が体の上に乗ってきます。猫を落とさないように気をつけていたら、ある日、私のほうがベッドから落っこちて、頬にしばらくあざが残ってしまいました。「どうしたの?」と娘に聞かれ、のらりくらりごまかしていたのですが、結局、経緯がバレて——その件以来、さらに娘の叱責が増えた気がします。

寝転んで本を読む癖は、いまに始まったことではありません。結核で休学していた中学1年生のときの丸1年と2年生のときの1学期の間、猫を抱いて寝て、早世した兄が残してくれた本を読み、日々をやりすごすことができたのです。割合とお行儀にはうるさい家でしたが、娘が不憫で叱ることができなかったのだと思います。

そんなわけで80年近くの年季が入っている習慣なので、いまさら変えることはできません。枕元に読みたい本、読まなければいけない本を積み上げて、次はどれを読もうかと楽しみにしています。

福祉論からイギリス王朝ノンフィクションまで愛読中

目下読んでいるのは、比較福祉国家論の第一人者、イエスタ・エスピン＝アンデルセン博士の『平等と効率の福祉革命』と『アンデルセン、福祉を語る 女性・子ども・高齢者』。アンデルセンは著書で、女性も仕事をして社会保障負担者となることで新しい世界ができあがると、力を込めて唱えています。スカンジナビア諸国はほぼ完成に近いけれど、まだ途上の国もある、と。さしずめ日本は、まだまだ途上、ということでしょう。

「もしスカンジナビア諸国で親のために介護離職するようなことがあれば、スカンジナビアの人たちは承知しないだろう」という意味のことも書かれています。

でも、福祉が行き届いている国でも、もしかしたら介護離職する人がいるかもしれません。本当に1人もいないのか、北欧諸国まで確かめに行きたいのですが、いまの私のヨタヘロ状態で、その願いは叶いそうにありません。

こうした仕事関連の本を読むだけでほぼ手いっぱいですが、たまに余裕があると、藤沢周平や田辺聖子などの小説も読みます。人間の機微や温かさが感じられ、ほっとするのです。昔からイギリス王朝のノンフィクションなども好きで、ページを繰る手が止まりません。各国の歴史ものを読むと、人間の営みというのはいつの時代もなんと血なまぐさいものかと、あきれたりもします。

趣味にも老いが忍び寄る

いまでこそ趣味は読書くらいですが、これでも「ヨタヘロ期」になるまでは、外に出かける趣味も相応に持っていました。なにせ高校・大学時代は合唱団で美声（自分ではそう思っています！）を張り上げていた音楽好き。連れ合いが元気だったころは、1年間必死でお金を貯めて、ウィーンまでニューイヤーコンサートを一緒に聴きに行ったこともありました。日本でも、オペラ好きの年上女性の肝煎りで、海外からの「引っ越し公演」を10人くらいで観に行ったり。終演後、興奮冷めやらぬなか、ああでもないこうでもないと感想を言い合うのも楽しい時間でした。

ところがある時期、4歳ほど上だったそのオペラの先達が、「もう行けないわ」と言い出しました。オペラは1幕が長く、45分や50分かかることはざら。その間、お手洗いが心配だし、長時間座っていると腰が痛くなってつらい、と言うのです。そんなわけでメンバーが年齢を重ねるにつれ、観劇の会は自然消滅することに。

趣味にも、老いは忍び寄ってきます。かくいう私もしかり。「昔とった杵柄でいらっしゃいよ」とコーラスの会に誘われても、しょっちゅう転ぶヨタヘロ期の私には、趣味のために外出すること自体、ハードルが高いのです。とくにお出かけ型の趣味は、いずれ断念しなくてはいけない時期が来ます。そんなとき、残るのは家の中でできること。私の場合は病に臥《ふ》せっていた少女時代同様、読書と猫が日々に潤いを与えてくれているというわけです。

〝体育会系〟の趣味も取り入れよう

最近は若々しくてアクティブなシニアが増えていますね。お出かけしたり運動したりして過ごすのは、すばらしいことです。そうしたライフスタイルを一日でも長く続けられるよう、元気なうちから想像を巡らせて、情報を集めておくのも大事かもしれません。

そこで私の体験から来る提案です。

とくに文化系だった人、運動をしてこなかった人は、元気なうちに趣味活動のひとつをゆるやかな体育会系に変えたり、加えたりしたらどうでしょうか。学生時代からずっと私の余暇活動はいわゆる文化系で、長じては観劇、音楽会が楽しみとなりましたが、それらがほとんど不可能になりました。そこで一念発起。ヨタヘロの進行になるべく抗うべく、「趣味費」にあたるお金を個人指導の〝体育会系〟リハビリに充てています。かかとの上げ下げエクササイズをしたり、自分なりに奮闘しているのです。

歳を重ねたら、趣味の一部は体育会系に。だって体は、命を載せて運んでくれる器なのですから。

Ⅱ 老いの「はじめて」に奮闘中

人生100年時代は、
生きるのも大変、死ぬのも大変。
「生老病死」のフルコース人生、
「転んでも立ち上がろう」の精神ですよ

90歳目前での乳がん手術、貯金通帳をじっと見る

なにをして生きるべきか、それが問題だ！

私の生まれ月は、うるわしの5月。毎年、わが家の庭にピンクや黄色のバラが咲くころ、誕生日を迎えます。２０２３年も無事にその日を迎え、晴れて91歳に。「ひぇ～、もうそんな歳なのね」と、ちょっぴりびっくりしました。

庭の手入れをしているのは娘です。以前、「私が無理して家を建て替えて同居したおかげで、あなたも庭いじりができるようになったのよ」などと、恩着せがましい発言をしたこともありました。でも私自身、庭の恩恵を受けているのは事

実です。

最近、私も以前ほどは出張や講演に飛び回らなくなり、家にいる日が多くなりました。娘は仕事に出かけているので、日中はいません。誰も来ない日は、庭の風景や開けた窓から入ってくるバラの香りが、いい慰みになります。猫を撫で、花を眺めながら「おやおや、私もついにご隠居の年齢かしら」などと思ったりもします。

２０２２年4月、89歳で乳がん切除の手術をしたあと、定期的な検査を受けてきました。先日、術後１年の検診に行ったところ、とくに問題はなし。６ヵ月後の検診で再発がなければ〝無罪放免〟になるそうです。仕事を手伝ってくれている70代の助手が、「よかったですね。これで１００歳まで大丈夫」と喜んでくれ、「そういえば93歳になる叔母がね……」とこんな話をしてくれました。

彼女の叔母上が病院に行ったときのこと。お医者さまから「大丈夫です。あなた、１００歳まで生きられますよ」と言われ、叔母上は「１００歳まで！　先生、私はいったいなにをして生きていたらいいんでしょうか?」と問い返したそうです。助手曰く、「いやぁ、なんと哲学的な問いなんだろうと感じました」。健康寿命を過ぎ、仮に100まで生きるとして、それまでいったいなにをし、どう生きるべきか。私たちは人類始まって以来、はじめての哲学的命題に突き当たっていると言ってもいいかもしれません。

医療費や生活費が必要になる覚悟を

私自身のことで言うと、最初にがんだとわかったときには、「わっ、なんと運が悪い。私の死期は2、3年後か」と思いました。ひとりでこの世から去っていく「死」は、永遠の孤独です。究極の孤独と言ってもいいでしょう。誰も「じゃあ、ご一緒しましょうか」などと言ってはくれません。ですから正直、とても寂しいし、怖くないと言えば嘘になります。

ところが、死の恐怖に打ち震えていたのはほんの数日。次に私を襲ったのは、「きゃっ、生きながらえたらどうしよう〜」という怖さでした。振り返ると80代は、風のごとく過ぎ去りました。これからの90代も風のごとく過ぎ去り、100歳まで生きていたとしたら、わが貯金通帳はどうなっているのか。

その不安は、術後の検診でさらに高まりました。お医者さま曰く、「がんもおとなしくなっているので、ヒグチさん、おそらく当分死なないでしょう」。今後、医療費はますますかかるだろうし、いずれ仕事もできなくなる。そのうち給湯器や家電も新しくしなければならないでしょう。そうなったとき、はたして生活費が足りるだろうかと、ぞ〜っとしたのです。

私は戦争中に育ち、父が質素を旨としていたこともあり、贅沢が身に合いません。節約して、老後の生活設計もそれなりに堅実にしてきたつもりです。最初の結婚でいったんは〝家庭に入る〟形を取りましたが、仕事をするのが将来のためになると思い再就職しました。

その後もしばらく会社勤めを続けたので、多少は厚生年金がありますが、就労年数も少ないですし、定年まで勤めあげた同年の男性同様の年金はいただけません。それでも働いてきたぶんだけ恵まれていると思います。

長生きはいいけれど、お金が足りるのか

女性の場合、仕事をしていたとしても非正規雇用だったりして、男性より低賃金の傾向にあります。また、すでに高齢期を迎えている女性は、「嫁」として家事や介護に縛りつけられた結果、ご自身の稼働能力を発揮できず、充分な年金をもらえない人が少なくありません。そのため私が常々「なんとか解決しなければ！」と声をあげてきた「貧乏ばあさん（ＢＢ）」になる可能性が高いのです。夫が勤め人だった方は、遺族厚生年金が支給されますが、シングルマザーや単身者にはそういった恩恵もありません。

そこへ来て、昨今の物価高や燃料費高騰。人生100年時代、「長生きをして100歳まで生きていたら、家計が持つだろうか」と多くの人が不安に思うのは、至極もっともです。そのうえでなお、「いかに生きるべきか」という哲学的命題まで抱えなくてはいけないわけです。

人生100年時代が到来し、これからの人たちには、人生の長さとの闘いが待ち受けています。私自身、「死ぬのは怖いけど、生きるのも大変！」というのが、目下の正直な気持ちです。

ぽっかり空いた心を慰める、猫と犬は素敵な相棒

『徹子の部屋』に出た猫たち

いまわが家には4匹の猫がいます。上から17歳、14歳、3歳、2歳。上の2匹は私が看取ることができそうですし、若い2匹は娘が引き受けてくれるはず。4匹とも、最後まで責任をもって飼うことができると思います。

2023年4月、テレビの人気番組の『徹子の部屋』に呼んでいただいた際、4匹の写真も紹介していただきました。「おまえたち、『徹子の部屋』に出られる猫なんて、そういないんだから。飼い主に恵まれたと感謝しなきゃ～」と言って

聞かせたものの、「なんのことやら」といった顔をしていました。

子どものころから、動物は身近な存在でした。ただし父は犬派だったので、わが家の最初のペットは犬です。兄の同級生に政府高官のご子息がいて、その家のイングリッシュセッターが子どもを産むことに。6匹生まれる予定で引き取り手もすべて決まっていたそうですが、生まれてみたら8匹。ご縁があって、そのうちの1匹をうちで飼うことになりました。

立派なご家庭からやってきたので、わが家では「シロウさん」とさん付けで呼んで敬っていました。残念ながらシロウさんは、3歳のときに近所の畑で誤って殺鼠剤を口にし、死んでしまいました。

私が12歳のころ、国から「犬は贅沢品である」「飼うことならぬ」というお達しが出されました。戦況が厳しくなり食糧難のなか、多くの犬が供出させられたのです。大きな犬は軍用犬に。中型犬以下は殺処分され、軍服につける毛皮や食肉にされたといいます。

私の親しい友人の家でも、かわいがっていた犬を手放さざるをえなくなりました。当時、犬は庭に小屋をつくって飼うのが一般的。彼女の家でも、ふだんは玄関の三和土《たたき》から奥へは入れないようにしていました。でも別れの前の晩は犬を家に入れて座布団に寝かせ、その両脇に付き添うようにして友人とお兄様が一緒に寝たそうです。私も遊びに行ってよくその犬を撫でていたので、その話を聞いて泣いてしまいました。

犬や猫をはじめいろいろな生き物と一緒に暮らせるのは、平和あってこそ。このエッセイを書くにあたって悲しい出来事を思い出し、猫たちを撫でながら、「おまえたちは平和な時代に生まれてよかったねぇ」と話しかけました。まぁ、猫たちは、「ネズミを捕まえる益獣」という理由で戦時下でも生き延びられましたけれど。

猫の存在に慰められた日々

猫との縁をつないでくれたのは兄です。父は猫が苦手だったので、兄と私が猫を飼いたいと言っても、首を縦に振りませんでした。でも、当時は不治の病とされた結核になった兄が「お父さん、一生のお願いだから猫を飼ってよ」と言うのを聞いて、不憫に思ったのでしょう。庭に出入りしていた子猫を家に入れ、飼うことを許してくれました。

兄が15歳で亡くなった後、私も結核で1年以上、家で臥せって過ごしました。その間、無聊《ぶりょう》を慰めてくれたのが、兄が残してくれた本と猫。それ以来、猫は私にとってなくてはならない存在となったのです。

結婚と死別を経て、2番目の連れ合いと暮らしていたときのこと。ミッちゃんという高貴できれいな猫とチロという白っぽい猫が、私たち家族に加わりました。ミッちゃんは彼とは大の仲良しでしたが、夜は2階の私の仕事場兼寝室で、私に寄り添って寝ていました。チロは1階にある彼の仕事場兼寝室で夜を過ごします。ほぉほぉ、猫さまたちは分担制を敷いているのか、と思っていました。

ある日、彼が「ミッちゃん、おかあちゃんを寝かしつけてやんな。後で一緒におねんねしようね」と妙なことを言います。「どういうこと?」と聞いたら、「おまえさんを寝かしつけたら、ミッちゃんはそぉーっと抜け出してオレのところに忍んでくるんだよ。それでオレが朝ごはんつくろうと起きると、一緒に起きて台所に行くんだ」。にわかに信じられず、なにバカなことを言っているんだと思っていました。

ある日の明け方、近くでガタガタ音がしたような気がし、泥棒かと思って慌てて跳び起きた私。すると、隣に寝ているはずのミッちゃんがいません。下に降りて連れ合いを起こそうとしたら、なんと彼の隣にミッちゃんが寝ているではありませんか。ミッちゃんは目を覚まし、私と目が合うと……「んっ?」と慌てた様子。これにはびっくりしました。連れ合いはアハハハと笑い、「ミッちゃん、バレちゃったなぁ」。

その後、彼が病に倒れたのは65歳のとき。それから3年2ヵ月、完全寝たきりで入院生活を送りました。私は仕事をがんばらなくてはいけないし、できるだけ彼のお見舞いにも行きたいし……心身ともに疲れて家に帰ると、猫たちが出迎えてくれます。それがどれほど慰めになったか。やわらかい毛を撫でて、猫の体温を感じながら、「いい子だねぇ」「いてくれてありがとう」と、よく語りかけたものです。

彼は70直前で亡くなりました。見送った後、ぽっかり穴があいたような喪失感に見舞われていたときも、猫たちにはずいぶん救われました。

大病後に知った猫のやさしさ

77歳の春、私は胸腹部大動脈瘤感染症という大病に襲われ、夜中に緊急入院。

3個の瘤《こぶ》を人工血管に置き換える大手術を受けました。3週間余で退院しましたが、傷跡の痛いことといったら――胸から背中へ体幹を半周する傷跡が、ズキンズキンと脈打って痛むのです。

そのころ、わが家には3匹の猫がいました。そのうちの1匹、メスのタヌキは、退院してきた私のそばを離れません。私が寝ている布団のそばで、じ～っとうずくまっているのです。

私は「タヌキ、助けてくれぇ。お母たん、痛くてもう死ぬよ～。イタイ、イテ、イテ、痛え！」と声をあげ、ワーンと泣いてみせました（さすがに泣きマネですが）。するとタヌキは布団の外に出ていた私の右手の甲を、子猫でも取り押さえるように両前足でむんずと押さえ、一心に手の甲を舐め始めたのです。明らかに私を慰めようとしているようでした。

猫の舌はザラザラしているので、長時間舐められ続けるとひりひりしてきます。「タヌキ、もういいよ。ありがとう」と手を引っ込めると、それ以上は舐めようとはしませんでした。

そのタヌキは、目下わが家の猫たちのなかで最長老。17歳です。よく、猫はツンデレだとか、犬みたいに飼い主に忠実ではない、などと言います。でも、どうしてどうして。人の心を読み取り、弱っているときはひそやかに寄り添ってくれるのです。

91歳になったいま、ひとりで外出することが難しくなり、家で過ごす時間が増えました。娘は勤めに出かけているので、助手やシルバー人材センターの方が来てくれる日以外は、昼間は家でひとりです。原稿書きや読書の合間に4匹の猫に話しかけたり、膝に乗ってきたら撫でたり……。なにかと心寂しくなりがちな老年期の日々を、慰めてくれます。

歌の力で、気分も世の中も変えていこう

布団の中で歌ったドイツ民謡

「ヒグチさん、『歌を忘れたカナリヤ』になってしまったのよね」

つい最近、旧知の方からそう言われ、「そういえば、そんなこともあったわね」と懐かしく、そしてちょっぴり切なくなりました。

私は歌うことが大好きで、大学時代は男女混声の「柏葉会」という合唱サークルに入っていました。最初の夫は同じ大学出身で、学生時代は男声合唱団「コールアカデミー」に所属。親戚の紹介でお見合いのような形で出会ったのですが、

同じ大学出身で共に合唱好きということで意気投合しました。結婚してからは「2人混声合唱団」と称し、よく一緒に歌いました。シューマンの「流浪の民」や、シューベルトの歌曲等々……。アパートの隣の人は、さぞかし迷惑だったでしょう。そして間もなく、ヒグチさん目出度くご懐妊。ところが重症の妊娠中毒症（妊娠高血圧症候群）にかかってしまったのです。そんな私の身体を案じて、義母が手伝いに来てくれました。

私はまぁ、ひどい嫁で、姑に台所を任せっぱなし。布団で臥せっていました。そして、若夫婦2人でよく歌ったのが、ドイツ民謡の「別れの歌　ムシデン」でした。ムシデン、ムシデン……とドイツ語で歌っていると、気持ちがさっぱりしたような、少し悲しいような――。そんな私たちを見て、姑は目を細めて、「お仲のよろしいこと。私もうれしいわ」。決して皮肉ではなく、絶世の美女だった姑は、息子と不美人の妻の夫婦仲がいいことを心から喜んでくれていたのです。

やがてひとり娘に恵まれ、幸せな日々が続くと思っていた矢先、娘が4歳のときに夫は急逝してしまいました。当時私は32歳。夫の死を境に、私はピタッと歌わなくなりました。まさに「歌を忘れたカナリヤ」になってしまったのです。

爆笑をいただけるなら、なんでも張り切る

それから幾星霜。あるとき、衆人の前で思わず歌い出してしまったことがありました。1994年から始まった、「高齢社会をよくする女性の会」主催の「歳末名物・女たちの討ち入りシンポ」（この名称は1996年に〝命名〟）では、川柳あり、替え歌あり、寸劇あり。ヒグチさん、この手のことが大好きなので、替え歌の作詞もつい張り切ってしまいます。そして生まれたのが、都はるみさんの名曲「北の宿から」の替え歌、「平成 老いの宿から」でした。

介護の負担、日ごとの手足の衰え、老いのわびしさを、あえてシニカルかつユーモラスに表現。会場でこの替え歌が歌われると、私もつられてつい声を張り上

げてしまいました。歌を忘れたカナリヤが、歌を取り戻したのです。会場は爆笑の渦。この集会にいらしてくださっていた、日本の女性国会議員の先駆者・加藤シヅエ先生が、帰り際にこうおっしゃってくださいました。

「わたくし、本当に泣いてしまいましたわ。オッホッホ」

当時、加藤先生は100歳近かったと思います。

ちなみにこの歌には、2番、3番もありました。都はるみさん、作詞の阿久悠さん、大変失礼しました。どうかお許しいただきたいと思います。

「介護保険制度」の改悪は阻止したい

「介護の社会化」を旗じるしに活動していた私たちの願いがかない、介護保険制度が始まったのが2000年4月。あれから23年たちました。介護保険制度は世の中の実情に合うよう、3年ごとに見直しが行われ改正されてきましたが、ここで問題が。たとえば2014年の改定で、要支援1、2の訪問介護とデイサービスは介護保険から外されることになりました。その後もケアプランの有料化や、在宅介護の「生活支援」を介護保険から外そうとする動きがあるなど、介護保険制度の使い勝手が悪くなる方向に改悪されようとしています。サービスの切り下げや利用者負担の増加、介護職の労働条件の悪化が続き、介護される人と介護する人の両方から悲鳴が上がっているのです。私はこれまで、日本を「介護保険制度のある国」として誇りに思ってきました。「おかげで介護離職せず働けます」「定年まで働けました」という人の声を耳にするたびに、その方々を心から祝福していました。制度に改善すべき点があれば変えていけばよいと思います。ところがいま、介護保険制度は、その根底を崩されかねない危機に瀕しています。

介護保険制度の後退は、なんとしてでも阻止しなくてはなりません。社会福祉制度の抑制は許せません。かくなるうえは、歌を思い出したカナリヤとして、再度あの替え歌を大声で歌おうかしらん。そんなことを思う今日このごろです。

人生二度目の要支援認定を受けました

「おぉ、楽だ!」、手すりに感謝

91歳になり、介護保険の申請をし、「要支援1」の認定を受けました。最近はヨタヨタヘロヘロの進行度合が加速しているので、家のあちこちに手すりが必要なのです。そこで認定の申請をした次第です。

おかげさまで、ベッドサイドに支柱と手すり、玄関の上がり框《かまち》に1つ、門扉から玄関までの小径に2つ手すりを設けることができました。ベッドサイドの手すりのおかげで、起き上がるのがどれほど楽になったか。「おぉ、楽だ、楽だ」と、思わず声が出てしまいます。しかも柵の役目もしてくれるので、一緒に寝ている猫に気兼ねをして妙な寝返りのうち方をしても、ベッドから落ちる心配がなくなりました。屋外の手すりも見事です。門扉から玄関までの小径は少しカーブしているのですが、1つずつ角度を変えて設置したので、手すり伝いに歩けるのです。

しかし2022年ごろから、政府はこうした介護用具をレンタルではなく原則買い取りにしようという案を出しています。これには断固反対！　高齢者の実情からかけ離れています。なぜなら、被介護者の状態は変化していくからです。変化に応じて、使う介護用具も替えていく必要があるのです。

日本よりも福祉政策が進んでいる北欧などは、介護用具は貸し出し制です。北欧には何度か視察に行きましたが、福祉用具の展示場があり、その中からいつでも選べるようになっています。そんな当たり前の福祉サービスを、政府はケチろうとしているのでしょうか。資源を大切にするという意味でも、買い取りは適切ではありません。ＳＤＧｓ（持続可能な開発目標）に逆行しています。

デイサービスを活用して元気に

じつは以前にも一度、要支援1の認定を受けたことがあります。胸腹部大動脈瘤感染症の手術後、筋力も心肺機能も低下して、リハビリに通わなくてはいけなくなったからです。

退院時点ですでに病院側から、私がリハビリを必要とする重篤な病気である旨、近くの地域包括支援センターに連絡がいっていました。おかげで退院後、スムーズに認定を受けられたのです。日本の介護保険制度はなかなかよくできていると、改めて実感しました。

介護保険を利用し、週に一度、リハビリ専門のデイサービスに通うことに。デイサービスのいいところは、送迎付きという点です。まだそのころは、デイサービスに通うのは恥ずかしいと感じる人もいるようでしたので、「うちに来たら

『樋口さ～ん、〇〇デイサービスで～す。お迎えに来ました！』と大声で叫んでくださいね」とスタッフの方にお願いしました。呼び出されたら、私はすかさず「は～い、よろしくお願いします」と、これまた大声で返事をし、そそくさと出かけていきます。一種のパフォーマンスですが、意気揚々とデイサービスにいくさまを皆さんに知っていただきたかったのです。

リハビリに特化した施設でしたので半日でしたが、体操や器具を使ったリハビリに加えて、ちょっとしたダンスもプログラムに組み込まれていました。私は、体育は得意ではありませんが、ダンスはけっこう好き。というのも私どもの高校時代は、女子の体育教育にはダンスが取り入れられていたからです。

半年くらい通ったでしょうか。だいぶ身体の機能を取り戻したので、デイサービスを卒業することに。最終日、そばにいた方々に「仲よくしていただいて、ありがとうございます。おかげさまで、今日で要支援は外れるようでございます」とご挨拶をしたら、初老の女性が「あら、こんないい制度をやめるんですか？

あのね、いいことを教えてあげます。更新申請・再申請という制度があるんですよ。こんないい制度を利用しない手はありませんよ」と言いました。私が、その介護保険をつくる側にいた人間だということはまったくご存じないようでした。

私はあやうく、落涙しそうになりました。いろいろな反対もあるなかで、「介護保険をつくれ！」と最後まで旗を振り続けて、本当によかった。これは私の生涯における心の勲章みたいなものだと、しみじみ思ったのです。

医療制度のすばらしさ

さて、大動脈瘤感染症の手術の際の笑える話をひとつ。手術費、治療費、入院費を合計すると、ゆうに３００万円を超える金額に。請求書を見て、「ぎゃっ、３００万も支払うの⁉」と、肝を冷やしました。

実際は、高額療養費制度のおかげで、高額療養費のうち自己負担上限額を超えた分が払い戻されます。ですから私の場合は、確か15万円ほどの支払いですみました。

ところが私ときたら、15万円強の負担額を見て、付き添ってくれた人の腕をむぎゅっと掴み、小声で「これは病院が計算違いしててんのよ。早く払っちゃって、早く逃げよう!」。もちろん冗談でしたが、本当におっちょこちょいです。

そのうち我に返り、高額療養費制度が適用されていることに気づきました。そのときは本当に涙が流れました。私たち日本国民は力を合わせて、高齢者が安心して医療を受けられる制度をつくり上げてきたのだ。そういう国にしたのだと、感涙を抑えることができなかったのです。

いま、その財源が厳しいと言われています。でも人生100年時代、高齢になっても安心して生きていける社会を、私たちはこの先も守っていかなくてはならない。残りわずかな人生ですが、生きている限り、そのためにできることを少しでも果たしたい。それが、91歳の私の偽《いつわ》らざる気持ちです。

「へえ、そうだったんだ！」学び直しは発見がいっぱい

古くなった〝常識〟をアップデートしよう

長く生きているとままあることのひとつが〝常識の変化〟です。かつて学んだことや知見も時代とともに変わり、常識と思っていたことがいつの間にか非常識に――。知識が古くなっているのに気づかないなどという事態も生じてしまう。

そんなとき、頭に刺激を与え、知識をアップデートしてくれる強い味方が本。つくづくそれを実感する出来事がありましたので、ぜひお伝えしたく思います。

2022年11月、「高齢社会をよくする女性の会」の全国大会が神奈川県小田

原市で開かれました。テーマは「一円融合」。これはご当地・小田原出身の偉人、二宮尊徳の教えです。

正直、私はこの歳まで、二宮尊徳についてあまりよく知りませんでした。言葉は悪いですが、「食わず嫌い」の面があったのです。というのも、終戦を迎えたのが中学1年のとき。小学校時代は、集団疎開の半年を除いては毎日、学校の門をくぐるたびに薪を背負った像に一礼し、その次に「御真影」が祀られた奉安殿で最敬礼することを強制されていました。戦争が終わると、戦前のすべてのことに対してあまりいい感情を抱けなくなったのは、私だけではないと思います。なんだか古くさく、説教くさい感じがして、煙たく思う気持ちもありました。

ところが、先入観を変えてくれた、こんな出会いがあったのです。全国大会の共催者でもある社会福祉法人小田原福祉会の理事長・時田佳代子さんをはじめ、参加された市民の皆さんは、尊徳を尊敬し誇りに思っていました。2022年に94歳で亡くなられた同法人の会長・時田純さんは、「介護で市民を困らせない」

「人は人として存在するだけで尊い」という理念のもと、すばらしい高齢者福祉事業を実践なさっていた方。大会では、潤生園という高齢者施設の見学プログラムもあったので、私も参加して、その優れた運営に大感激したのです。そんな尊敬すべき方が敬愛している二宮尊徳とは、本当のところどのような人なのか。共催するからにはきちんと知るのが礼儀だろうと思い、尊徳に関する本を3、4冊買って読むことにしました。

時代を先取りした人たちに学ぶ

かくして約80年ぶりに二宮尊徳さんと再会することになった次第ですが、ページをめくりながら、「これほど立派な人だったとは知らなかった！　ごめんなさい」と謝ることしきり。わが身の無知と偏見を恥じる気持ちになりました。

江戸時代末期、農民出身の尊徳は荒廃した農村を再建するため、民主的な事業体による立て直しを実践し、村を再生させました。いまでいう協同組合をつくったのですね。その手腕を買われ、藩の家老職を務める家の財政改善も命じられ、見事成功。これが評判を呼び、小田原藩の財政再建も命じられます。いわば地方再生の先駆者と言ってもいいようです。

なかには、尊徳が農民の出であるのに重用されることを妬み、足を引っ張ろうとする人たちもいました。しかし、いまでいうところのマーケティングリサーチを徹底して行い、資料をきっちり揃えてぐうの音も出ないプレゼンをし、次々と改革を実践していきます。その方法論たるや、じつに合理的で近代的。また、身分制度が厳しかった時代に、身分が上の人に対しても忖度《そんたく》することなく自分の考えを表明したようです。経済人としてすぐれていただけではなく、時代を先取りした思考の持ち主であることもわかりました。

無教会主義を唱え、明治・大正時代に多くの人に影響を与えたキリスト教思想家の内村鑑三も、『代表的日本人』という著書で、日本を代表する5人の1人として二宮尊徳の名を挙げています。内村鑑三といえば平和主義を標榜《ひょうぼう》し、戦争反対を訴えたことでも知られています。尊徳は、そういう人物からも一目置かれる存在だったのです。ちなみに内村鑑三は、尊徳が女性に対してフェアだったことも評価しています。

人を評価するのに先入観は禁物

もしかしたら二宮尊徳は、戦争中、学校教育でもてはやされたことで、ちょっと損をしているかもしれません。なにを成し遂げた人なのか知らずに、戦前の軍国主義教育と結びつけ、イメージだけで敬遠してしまう人もいるでしょう。人間を評価するのに先入観を抱いてはいけないと、改めて肝に銘じました。長寿時代だからこそ、「へぇ、そうだったんだ！」となにかを再発見する愉しみがあるものだと、つくづく思った次第です。

「一円融合」についてひとこと。

これは、「すべてのものは互いに働き合い、一体となって結果が出る」という思想とのことです。小田原大会では、この思想がこれからのまちづくりの理念であると捉え、テーマとして掲げたそう。

そんなわけで90歳にして新たな学びの機会をいただけたことに、おおいに感謝しています。

他人のファインプレーに拍手をしよう

日本の未来のための社会貢献

２０２２年の師走、東京・日比谷で、「高齢社会をよくする女性の会」の恒例「歳末名物・女たちの討ち入りシンポ」を開催しました。私はヨタヨタしながらも壇上に立って理事長として挨拶をしたり、全国から来場した会員の方々の活動報告やゲストの話を拝聴したり。

「討ち入りシンポ」では、上野千鶴子さんが「老後の安心を守るために――史上最悪の介護保険改定を許さない！」という演題で熱弁をふるってくださいました。

この日、第1回「樋口恵子賞」の表彰式を行いました。私自身、これまでの評論活動や社会活動で津田梅子賞などさまざまな賞をいただき、その賞金が貯まっていました。賞金はご褒美とありがたくお受けしますものの、働いて稼いだものではないと思い、自分の生活費や老後資金とは別に取り分けています。かねて「私が死んだら、会のために有意義に使ってね」と言っていたところ、理事の方々から、「社会に貢献した人を称える賞をつくっては?」という声が上がるようになり、賞を創設したのです。

「高齢社会をよくする女性の会」は、1983年に仲間たちと一緒に立ち上げました。老若男女ともども幸福な超高齢社会の創造を、女性の視点を忘れずに提言を重ねていくという活動の基本はいまも、いささかも変わっていません。全国各地の介護の現場の声を聞き、私たちは、2000年に、介護保険制度を実現するなどの活動を進めてきました。

その会の立ち上げの際、社会からの善意、恩恵を受けています。当時、「介護」を軸に「女性の会」をつくろうという動きはあっという間に広がりましたが、まだみんな若くて肝心のお金がありません。そんなとき、公益財団法人「生命保険文化センター」から基金を使わないか、と声をかけられました。初年度300万円、2年目200万円、3年目100万円と3年間拠出されるもので、その後は自立せよ、という資金援助をしてくださったのです。

市民活動の初動時点で、世の中の善意と他者の拠出を受けたことは忘れられません。いつか微力ながらも恩返しをしたい――みんな、そんな気持ちを抱えていました。そうこうしているうちに私が90を前にして乳がんの手術を受け、無事生還したところ、「卒寿記念に始めましょう！」と会のメンバーたちの後押しがあり、一気に賞創設の運びとなりました。

ただし、私としては、「樋口恵子賞」という名称には抵抗がありました。女性の名前がついた賞は、平塚らいてう賞、津田梅子賞などがありますが、皆さん社会的に高い評価を得ておられ、かつ、すでに亡くなっています。そこへいくと私は、ヨタヨタヘロヘロしながらも生きながらえている。そんな偉い女性たちの真似をするのはおこがましい、という程度の認識は持っています。

生前に自分の名前を冠した賞を創設するなんて、目立ちたがり屋だと批判されかねませんし、会員の中には「売名的」と思う方々もいたと思います。どうしたものかと考えているうちに、いいお手本として「赤松良子賞」があると気づきました。

赤松良子さんは私より3歳上の敬愛する先輩で、最近も新著『男女平等への長い列 私の履歴書』を出版。労働省婦人少年局長時代、男女雇用機会均等法制定の〝母〟となった方です。赤松良子賞は赤松さんが基金を寄託し、「国際女性の地位協会」創立10周年を記念して1997年に創設され、女性の地位向上に貢献した国内外の個人・団体を表彰しています。私も、「他人のファインプレーを応援しよう」というその精神を見習おうと、覚悟を決めた次第です。幸い会員の中から実行委員会を立ち上げるかたちで実現できました。

足を引っ張らず、手を引き合おう

そんなわけで急遽準備を始め、2022年6月にマスコミに発表。募集したのは、高齢社会をできるだけ安心して過ごせるような活動をしている個人や団体です。うれしいことに、全国から122件もの応募がありました。

受賞者は厳正な審査を経て、今回は1個人と2団体が選ばれ、副理事から賞状と賞金を授与しました。個人の部で受賞されたのは、「中国帰国者センター」の鈴木洋子さん。敗戦時に中国に残され、後に日本に帰国した日本人の方々が穏やかな老後を過ごせるよう、活動しておられます。団体の部は、高齢化が進む大規模集合住宅で世代間交流や高齢者サービスを行っている「特定非営利活動法人いこいの家夢《むー》みん」と、継承者がいない方のお墓問題を解決するシステムを構築している「認定NPO法人 エンディングセンター」が受賞されました。皆さん、独自の視点で地道に活動しておられ、「あっぱれ！」「あなた、素敵よ！」と拍手を送りたくなる方々でした。

他人のファインプレーを見たとき、嫉妬の炎が燃え上がって拍手しにくいこともあるでしょう。ですが誰かがなにかを始めたとき、「あ、いいなぁ」と思ったら、足を引っ張るかわりに手を引っ張り合いたいものです。手を引っ張ってもらえば、体重の重い私でも、普段は二歩しか歩けないところを三歩、四歩と歩める気がします。

「樋口さん、がんばんなさい」と手をとってくださる皆さんがいなかったら、ここまで活動を続けることはできなかったでしょう。私も微力ながら、「あなた、素敵よ！」と他人のファインプレーにエールを送り続けたいと思っています。

誰にもやってくる衰え。満身創痍で90代

幼少時代から病のフルコース

「ふん、厄介《やっかい》な！」

子どものころの私は、鏡にうつる貧弱な上半身の裸体を見つめながら、病気で遊べない、学業が進まない状況を憂えて、そう呟いたものです。

思えば、小学校3年の夏休みは重症の腎盂炎《じんうえん》で1ヵ月以上入院。中学は2日通っただけで高熱を発し、初期の肺結核と診断され、療養生活に。復学後も体育は診断書を提出して、見学している時期が長く続きました。

ほかの人より一歩でも先に出たい勝ち気な私が、もしかしたら2年も学齢が遅れるなんて！　と、泣いて騒いで、当時の結核の神様のようだった主治医、岡治道先生にどやしつけられました（2年の遅れは、その後、中学に復学したときに1年で勘弁してもらいましたけれど）。

まだ外科手術や化学療法はなく、人工気胸という、肋骨の間から清潔な空気を送りこむのが唯一の治療法でしたが、名医と運のおかげで、大学に入学したころは、深夜までサークル活動に身を投じるほど、健康そのものでした。

次々とやってくる不調と病。セカンドオピニオンも大切

その後はがむしゃらに走り続けましたが、そんな私が再び体の不調に見舞われるようになったのは、65歳を過ぎたあたりからです。66歳のとき、右の胸に小さなしこりが発見され、がんと診断されたのです。

ごく小さかったので部分切除の手術を受けました。あとでしこりは脂肪のかたまりだったことが判明。その年齢になると、体の一部にがん細胞がぽつりぽつりとあって、細胞診でたまたま取ったところががんと診断されるのも、ありうることだと言われました。いま考えると、セカンドオピニオンなどの対応がありえたかもしれません。でも、相手が最善を尽くしてくれたのなら仕方がない、と私は思いました。

77歳のときには胸腹部大動脈瘤感染症で命にかかわる大手術を受けました。ほかにも子宮筋腫、最近は白内障手術と続き、90年生きているうちに、日常的な転倒も含め満身創痍。傷だらけ。そこに投入された医療費はじめ、家族や関係者のおかげさまで、生き延びてきたことを実感しました。

89歳で乳がん発見。深く沈んだ気持ちに

私にとって、89歳から90歳にかけての1年間は、思いがけず暗い、いささか落ち込んだものになりました。90歳を目前にして、乳がんが発見されたのです。歳はとっても早めの検査と対応が必要だと、再認識しました。

その前の84歳から3年ほどは、自宅の耐震性について「問題あり」と指摘されたことで、「建て替え引っ越し」という難問に費やされました。ようやく落ち着いたのは、90歳まであと1年のとき。まだ新築の感がある浴室を出て、その日めずらしくピカピカの三面鏡の前に立ちました。

「ん？」

すぐ気づきました。左の乳房がなんだか右より少し大きいのです。さわってみると軽いしこりが。娘（専門は違うけれど、医師）が帰宅していたので、呼んで触診してもらったら、「あるねえ」。

幸い名医に恵まれ、結果としてほぼ1年後、89歳の最後の月にがん摘出手術をすることになったのです。2022年4月15日に無事手術が成功。痛みもほとんど感じませんでした。われながら思いがけなかったのは、その間の私の心の動揺です。涙こそこぼさなかったものの、精神の底が深く深く沈みました。

命の正念場。死は公平だけど、「つまんないのォ」

いよいよ私の、この世との別れ。どう受け入れ、どう立ち向かうか。個人的に人生最大の正念場です。心の内は、正直言ってうろたえました。泣くほどのことはないけれど、心境を正直に言えば「え？　もうおしまい？　つまんないのォ」といったところです。浮世にイヤなことはたくさんあるけれど、やっぱりこの世を生きることは面白い。

私はすでに、「回復不能時の余命延長医療はご辞退」の書類をつくって、つねに携帯しています。覚悟十分の自信があったのに、わが精神の不確かさにちょっとうろたえました。けれど3、4日するうちに、私は誰もが立ち向かってきた、命の正念場を迎え入れる覚悟ができてきました。

「仕方がない。誰もが迎えることだから」

死というものの持つ、これ以上ない公平性は、ただ一度きりであること。受け入れざるをえません。

自然に湧いてきた感謝の念

90歳を目前にしての大病は、いろいろ厄介なことが多いと思い知らされました。

まず心臓はじめ、各種の検査。医師は気軽に「100歳の乳がん手術もある」とおっしゃいましたが、やはり2時間以上の全身麻酔に耐えるには、少しでも若いほうがいいようです。

もうひとつ、私を手術から逃げ腰にさせたのは、歯の問題でした。歯科に回されて診察。私の体の唯一の自慢、８０２０（80歳で自分の歯を20本残そうという日本歯科医師会のキャンペーン）さながら、ちゃんとそろった歯のうち、２本を抜くように言われたのです。とたんに新聞広告で見た、「歯は抜くな！」のタイトルが思い出されました。

全身麻酔をかけたとき、根のゆるんだ歯がすべり落ち、気管や食道をふさぐ恐れがあるので、と言われて納得しました。再検査の結果、歯は抜かずに済みましたが、体力が弱った高齢者の全身麻酔の手術は、やはりなにかと手間がかかるようです。

そこでまた迷いました。幸いがんの性質はわりにおとなしく、急激に拡大することはなさそう。大きくなるまでに、本体の寿命が尽きるだろう、ということのようです。だったら手術を受けるのをやめようか……。

結果的に手術を受ける決心をしましたが、手術後、主治医は書類になにか記入しながら説明してくださいました。そのひとつに「今後10年の生存確率」。きゃっ、100歳までの確率ということね。私が伸びあがってのぞき見ていると、医師は「80％」とあった文字を、なぜか「79％」に訂正されました。

戦時下に育った私にとって、贅沢は居心地が悪く、老後のための貯蓄にはそれなりに真面目に取り組んできました。この歳でいまだに仕事をいただけるありがたさを噛みしめつつも、「100歳まで生きる可能性、7～8割」と言われると、にわかに生活費が心配になりました。長寿はやはり大変です。

しかし、その後、私に訪れた気持ちは、ひとことで言えば感謝の念でした。この歳まで激論しながらも行動をともにした仲間たち。仕事を発注してくださる注文主。感想を寄せてくださる読者——。いろいろな思いを足し算引き算して、私に残った思いのなかでいちばん大きかったのは感謝だったのです。

立っているだけで、ふわっと倒れるのが90歳です

いまの私の日常は、「日々新たに」です。老いというものが、時々刻々、姿かたちを変えて、私の肉体と精神に迫ってくるのです。

たとえば、私が70歳くらいのころ。あるテレビ局からの仕事で、90歳前後の先輩女性に自らの「老い」を語ってもらい、アドバイスをいただくというものがありました。喜んでお引き受けしました。

日頃敬愛する加藤シヅエ先生もそのおひとり。楽しみにしていたところ、自宅で転倒、骨折、手術ということで、「3ヵ月ほど延期できないか」とのお申し入れ。あらためて設定された日時にご自宅に参上しました。ところが、ご自宅には段差もなく、障害となるようなものは見当たりません。

「どこで何につまずかれたのですか？」とうかがうと、先生は、「90歳ぐらいになると、ただ立っているだけで、ふわ〜っと転ぶことがあるんですよ」。

70代の私には、その場面がはっきりとは思い浮かびませんでした。

私、90歳のこの夏のこと。段差10センチほどの玄関の床に立っていたとき、特になにかの動きをしたわけでもないのに、ふわ～っと玄関の三和土に倒れました。幸い気絶もせず、よいご近所に恵まれたおかげで、30分後には助っ人が3人も到着。病院勤務の娘にも連絡がつきました。昔から言う、「遠くの親戚より、近くの他人」を痛感。

骨折はしなかったのですが、顔面と手足には打撲傷、顔には、赤、青、紫、色とりどりの大あざが長引き、まるで五色の〝お岩さん〟のよう。

テレビ番組で、「恋に溺れるのが18歳、風呂で溺れるのが81歳」というのを聴いて感心したことがありましたけれど、「立っているだけで倒れるのが90歳」。まさに「転倒適齢期」の到来です。東京都保健医療局のデータでも、65歳以上の自宅周辺転倒・転落事故死は、交通事故死より多いのです。

理想はピンピンコロリだけど

そう、90代に近づいてきたころからです。私が空腹感で目覚めるのではなく、なんとなく目が覚めて、朝の時間を持てあますようになったのは。年上の方たちは、愚痴もろくにこぼさず、ときたま「あなたも〝この歳〟になればわかるわよ」と漏らすだけでした。そして多くの人が〝この歳〟になる少し前に世を去りました。

2022年、80歳以上に限ると、男性が36・6%、女性が63・4%。3人に2人は女性。平均寿命は男性81・47歳、女性は87・57歳です。厚生労働省は少し前から、「平均寿命」とは別に「健康寿命」を発表しています。自立した生活ができる健康寿命は、女性75・38歳、平均寿命との差は、男性（8・79年）より長くて12・19年もあります。

高齢者問題に詳しい春日キスヨさん（広島・高齢社会をよくする女性の会代表）

は、日本人はピンピンコロリ願望が強いけれど、現実はピンピンのあと、ヨタヨタヘロヘロして、その末にドタリと倒れて「寝たきり」になり、それからもけっこう長いと警告しています。

そのとおり、いまや私は「ヨタヘロ期」真っただ中。女性にとってのヨタヘロ期を含む12・19年は、人生１００年としても、その10分の1。65歳から平均寿命までとすると、高齢期の54％を占めます。

ヨタヘロ期の生き方、ヨタヘロ期の市民参加を真剣に考える必要があります。なにしろ数が多いのですから。これからも私の残りの人生、このテーマに全力で取り組んでいくつもりです。

III

「思い出」は心の栄養になる

「回想すること」は、高齢者にとって恵みの時間。
脳の活性化にもよいそうです。
振り返ってみると、「おてんばな少女」から、
「おてんばな90代」になっていました

原点は〝人が好き〟。来し方を振り返る

ドシンバタン！　友達に会えるのがうれしくて

さて、ここで少し（いや、かなり）時間を巻き戻しましょう。

あれは小学校1年生のころ。

夜、母が蚊帳を吊ってくれると、私は毎晩のようにそのなかでドシンバタン、ドシンバタンと暴れていました。母から「もうお寝《やす》みの時間だというのに。恵子さん、お行儀悪いわよ」と小言を言われても、ドシンバタン。

ある日、いつものように母に叱られ、私は思わずこう口答えしました。

「だって明日学校に行くと、○○さんや△△さんやいいお友達に会えると思うと、うれしくってカラダが自然に跳ねちゃうのよ。早く明日にならないかなぁ」

母にしてみれば、思いがけない答えだったのでしょう。一瞬、間を置いてから、感に堪えないといった表情で「恵子さんは、いいお友達がいていいわねぇ」と言いました。

当時暮らしていたのは、東京は豊島園の近く。農村の一部が住宅地として開発された地域で、近くには同年代の子どもがそれほどおらず、幼稚園もありませんでした。ですから目白の小学校に入学し、友達がたくさんできたのが、とてもうれしかったのです。

学校に行くと友達に会えると思うだけでうかれて暴れてしまうなんて、まぁ、無邪気というか、おめでたいというか――我ながら、けっこうよい性格なのではないかと思います。とにかく小さいころから私は人が大好き。友達と遊んだり一緒になにかをするのがなによりの喜びでした。

仲よくなったお友達の家ではじめてオルガンに触れた日のこともよく覚えています。オルガンを上手に弾きこなす彼女に憧れて「私も『ちょうちょう』だけでも弾けるようになりたいわ」と言ったら、「ドレミファソラシドは知ってるでしょう?」。

こっくりうなずくと、「ソミミ　ファレレ　ドレミファソソソと弾けばいいのよ。5つしか音を使わないから、片手で弾けるし、簡単よ」と教えてくれました。言われた通りにやってみて、「ちょうちょう」が弾けたときのうれしさといったら！

「わーい、弾けた、弾けた。ありがとう！」

ぴょんぴょん飛び上がり、彼女に抱きついてしまいました。

その友人はオルガンだけではなく、絵も上手でした。彼女の絵を見るたびに、私にはとてもこんなふうに描けないなぁと、感心することしきり。家に帰って母に、「○○さんったら、本当にすごいのよぉ。絵も上手なんだから」と、まるでわがことのように自慢気に話したりしたものです。

自分にはない才能を持っている人に対しては、心から感心し、拍手喝采したくなる。そんな性格は、後に社会活動をするようになり、けっこう役にたったように思います。旗振り役を仰せつかった際、それぞれの方がなにを得意としているかを見抜き、「これはぜひ、あなたにやっていただきたいわ。上手なんですもの」と、下駄を預ける。結果的に適材適所で活躍していただけたのではないでしょうか。

人はみな、性格も異なれば、得手不得手も違います。一人ひとりの力は小さくても、それぞれの得意技を持ち寄ることで大きなパワーが生まれ、ときには社会を動かすことさえできる。私はそう、信じています。

原点は〝人が好き〟。

そして〝人の力を信じる〟。

人生のなかで出会った多くの友やお仲間のおかげで、みんなで力を合わせて介護保険制度も実現できたし、この歳になるまで社会とかかわり続けられたのだと思います。

戦争はすべてを一変させる

小学校は男女共学でしたが、「男女七歳にして席を同じゅうせず」の時代。男女別クラスでした。勉強のできる子どもたちが集まる小学校だったので、男の子の親は無理しても越境入学させようとしたのか、1学年5クラスでしたが、男子生徒の人数が多く、男子3組、女子2組でした。

太平洋戦争が始まったのが小学校3年生の冬。そのころからそれまでの楽しかった学校の雰囲気は一転し、軍事色が強くなりました。学校の名称も「尋常小學校」から「國民學校」に変わりました。ちなみに「國民學校令」には「國民學校ハ皇國ノ道ニ則《のっと》リテ初等普通教育ヲ施シ國民ノ基礎的錬成ヲ爲《な》スヲ以《もっ》テ目的トス」と書かれています。

1944年7月、サイパンが陥落すると、本土への空襲が本格化。そこで都内の國民學校3年生から6年生まで約23万人の学童が、集団疎開することになりました。疎開先はお寺の本堂などが多く、雑魚寝状態。シラミが発生するなど、衛生状態は決してよくはありませんでした。でも疎開したおかげで1945年3月10日の東京大空襲を免れ、助かった命も多かったのではないでしょうか。

食料難、空腹でお皿をぺろぺろ

私は小学校6年生のとき、長野県の湯田中渋温泉郷に近い上林温泉へと疎開。運がいいことに疎開先はれっきとしたホテルでした。そのホテルは、なんと水洗トイレ！　家は汲み取り式だったので、「将来、絶対水洗トイレのある家に住みたい」などと思ったものです。しかも温泉地なので、毎日お風呂に入れます。そういう点では、疎開先としてかなり恵まれていたと思います。

とはいえ、食料事情は厳しく、私たちは毎日空腹にさいなまれていました。それが、なによりつらかった。男女は別フロアで、ほとんど顔を合わせませんでしたが、女子の私たちでさえお腹が空いて空いて仕方がなかったのですから、男子生徒はさらにつらかったのではないでしょうか。

ある日、とろみのついた甘めのつゆがかかっているすいとんが食卓に並びました。みんな一滴たりとも残すまいと、お皿をぺろぺろ。中流家庭で育ったお行儀のいい子が多い学校ですから、本来ならばお皿を舐めるなど、考えられません。でもお腹を空かせた私たちは、そうしないではいられなかったのです。

誰に対してもフェアでいたい

わが家は贅沢とは縁がありませんでしたが、父が学者で夏休みが長かったこともあり、平和な時代は家族で温泉宿に滞在するのがならいでした。渋・安代温泉もそのひとつ。もっとも家族で泊まっていたのは洒落たホテルではなく、昔ながらの小さな旅館です。父は発掘調査のため、よく長期で長野県を訪れており、その旅館と縁ができ、宿の主や女将とも顔なじみになったようです。

私の疎開先が決まると、父は、毎週日曜日にその宿を訪ねるようにと言いました。ホテルのある高台からトコトコ降りて宿に行くと決まって、ふかしたさつま芋と蒸しパン、リンゴを丼に入れて出してくれます。どうやら父が「恵子のリンゴ代に」と、前もって心づけを渡していたようです。

でも食べ物を独り占めするのは、私の性には合いません。かといって大勢で行けば、先方に迷惑をかけます。また、仲のよい友達だけを誘ったのでは、えこひいきになります。そこで考えたのが、異なるクラスメイトを毎回1人ずつ誘う順番制。これなら不公平になりません。そんなこともあってか、自分で言うのは口幅ったいのですが、フェアな人だとクラスメイトが認めてくれたようです。

人生のさまざまな局面において、誰に対してもフェアでいるのは、決して簡単ではありません。私もときには、「そんなのめんどくさ〜い」「好きな人とだけ仲よくしたいわ」「あの人はちょっと苦手」などと思ったりもしました。

でも、だからこそ、「フェアでいよう」と意識的になり、自らを戒めるのが大事なのではないか。疎開先でそのことを実感して以来、「フェアでいよう」と、この歳までことあるごとに自分に言い聞かせてきた次第です。

受け継いだ精神と新しい時代の波

不出来な私、対抗心がメラメラ

私の疎開生活は、思いがけない形で終わりを告げました。「アニキトク　スグカエレ」という電報が、家から届いたのです。私は湯田中渋温泉郷からひとりで東京に向かいましたが、兄の死に目に会うことはできませんでした。

わが家には兄の上に長女がいたのですが、私が生まれる前に亡くなりました。ですから実質、兄と2人きょうだいとして育ちました。年齢で言うと2歳、学年では3年違い。決してきょうだい仲がよいとは言えませんでした。

兄は学業優秀で物静かなうえ、眉目秀麗。それに比べて私は、鼻ぺちゃのおかめ顔で、性格はおっちょこちょい。口数も多いし、わーわー騒ぎながらいつも外で暴れまわっています。とにかく、なにからなにまで対照的でした。

父は「坊《ぼん》は新聞を見て自然に字を覚えたけれど、恵子は机の前に座らせて教えなければ字が書けなかった」などと、ことあるごとに兄と私を比べ、兄をほめそやしていました。父にとって、自慢の息子だったのです。

どうやら兄は私のことをバカにしていたようです。鼻を押さえて「鼻ぺちゃ」などと言いながら私の顔マネをしたり、家族写真を撮るときに「恵子ごときバカと同列に並んで写真を撮る気はない」などと、それは憎たらしいことを言ったりするのです。もちろん私も、言葉では負けていません。兄に対して、思いっきり言い返していました。

あとから考えると、内省的だった兄は、社交的で友人が多く、いつも浮かれて楽しそうにしている私がちょっぴりうらやましかったのかもしれません。でも当時はそんなことには思い及ばず、悔しい思いでいっぱい。いつも兄に対抗心を燃やしていました。

軍国主義に疑問を抱いて

兄は早熟で、10代前半から海外文学や日本文学、評論、哲学書などを読みふけっていました。学校に行く電車賃をもらうと、歩いて学校に行き、浮いたお金で古本を買っていたのです。たぶん多くの書物を読むなかで、自分なりに思考を深めていったのでしょう。いつしか軍国主義に疑問を抱くようになりました。

兄が小学校5年のとき、軍国主義思想の権化のような男性教師が担任になり、兄は「危険思想の持主」と目をつけられました。体育が苦手でしたので、教練の際、歩き方まで反戦的と言われたのです。そしてことあるごとに、先生から殴られました。

母が学校に呼び出され、「本を読みすぎるから悪い」と怒られたこともありました。わずか11歳か12歳の子どもに対して、そこまで圧をかけてくる時代だったのです。兄は成績優秀でしたが、先生から疎まれたせいで、都立中学校の受験に失敗しました。当時、筆記試験や口頭試験が廃止され、内申書と人物考査、体力測定の総合判断で合否が決まるようになっていたのです。後に兄の内申書に、「時局に対する理解が浅く、国民的精神にもとる」と書かれていたことを知りました。

父は慌てて新設の私立中学に入学させましたが、落胆した兄は、朝、出かけるときに玄関で編み上げの靴をはきながら涙をこぼしたそうです。母は、胸が張り裂けそうだったと言っていました。

幸い編入試験を受ける機会を得て、1年の2学期に志望していた都立中学校に入学。担任の先生は兄のよき理解者だったようですが、今度は配属将校ににらまれるようになりました。当時、学校に陸軍の将校が配属され、にらみをきかせつつ軍事訓練を担っていたのです。

1943年、閣議で「教育ニ関スル戦時非常措置方策」を決定。翌年からは中等学校の低学年生や女子までも、学徒勤労動員に駆り出されるようになりました。兄は造幣局の工場に送られ、建物疎開や防空壕掘りで身体を酷使し、結核菌に冒されてしまった。そしてあっという間に、結核性脳膜炎で命を落としました。わずか15年の短い人生でした。

兄の死からほんの数日後の1945年3月10日、東京は大空襲に見舞われ焼け野原に。一晩で10万人以上の非戦闘員が亡くなりました。計画的に、人口密集地の下町を狙って、焼夷弾の雨を降らせたのです。山の手に位置していたわが家はその日の空襲を免れましたが、それから敗戦までの詳細は、つらすぎてほとんど覚えていません。

兄の本棚のおかげで気づいたこと

兄の病気がうつったのかどうかはわかりませんが、私も結核になり、１９４５年4月、高等女学校併設の中学校に入学した3日目から休学しました。ただ家で寝ているしかない日々。そんな毎日を慰めてくれたのが、猫と兄が残してくれた本でした。

幅3尺（約90㎝）高さ6尺の本棚と、やや小さい幅3尺で高さ4・5尺の本棚には本がびっしり。家で臥せっていた1年と1学期の間、ほかにすることがないので、私は兄が集めた本をイヤというほど繰り返し読みました。

ドストエフスキーの『カラマーゾフの兄弟』やトルストイの『戦争と平和』などのロシア文学、ゲーテの『若きウェルテルの悩み』やヘルマン・ヘッセなどのドイツ文学、ダンテの『神曲』、中国文学の『三国志』も読みました。もちろん主だった日本文学の本はほぼ揃っていたので、それも片っ端から読みました。何度読んでもさっぱりわからなかったのは、デカルトやカントなどの哲学書。私は哲学を理解する能力をまったく持ち合わせていなかったようです。

兄が残した本には、書き込みがあるものもありました。たとえば、夏目漱石が南満洲鉄道総裁の中村是公《よしこと》に誘われて満洲・朝鮮旅行に出かけた際の旅行記『満韓ところどころ』。この本の表紙の裏には、「これがあの『それから』や『こころ』を書いた夏目漱石か。失望した」と書き込まれていました。

兄がなにに失望したのか興味を持ち、私も『満韓ところどころ』を読みました。漱石らしいユーモアにあふれ、洒脱で文体も軽やかで、3、4行ごとくらいに思わずくすっと笑いたくなります。こんな面白い本の、いったいどこに失望したのか。1回読んだだけでは、さっぱりわかりませんでした。

でも何度か読み返すうちに、はっと気づいたのです。人々が置かれている状況に対する想像力の欠如や差別的な記述。もっといえば、植民地政策や侵略に対する批判精神がないことに、兄はいらだっていたのではないか——。

軍国主義真っただ中の時代、そうした考えを抱く人間は少数派だったはず。ましてや兄は10代前半の若さです。いかにして戦争に批判的な視点を持つようになったのか。古今東西の本を読むことで、そこまで思考を深めていったのか。あの世に行ったらぜひ聞いてみたい点です。

「いい社会にしよう」と心に決めたわけ

私はそれまで、あまり読書の習慣はありませんでした。優秀な兄に比べると、いささか軽佻浮薄《けいちょうふはく》な子どもだったのは否めません。でも思春期の入り口に立つ時期に兄が残してくれた本をじっくり読んだことで、物事をとことん考える癖がついたし、後にまがりなりにも本を書くための土台を築けたのではないか。

生きている間は決して仲良くはなかったけれど、私は兄からたくさんの贈り物をもらいました。兄が行くはずだった大学に行ったのも、この年齢まで長生きできたのも、文筆を仕事とし社会運動に赴くようになったのも、もしかしたら兄があの世から「自分の分も生きてくれ」「いい社会にしてくれ」と願ってくれたからかもしれません。

兄は自分の内にあった強い思いを、妹の身体を借りてアウトプットしたがっているのではないか。そんなふうに感じる今日このごろです。もちろん、とても兄には及びませんけれど――。

前途洋々のはずが、門前払い

リーダーシップを育んだ10代

幸い私は結核で命を落とすこともなく、1年と1学期の療養期間を経て、晴れて中学に復学しました。臥せっている間に戦争は終わり、世の中は自由と民主主義の時代へと大転換。ようやく私の青春が始まったのです。

いまは多少変わってきたとは思いますが、以前は男女共学だと、どうしても男性がリーダーになり、女性はそれに従うという構図が生まれがちでした。部活の部長も、男性が多かったのではないでしょうか。

そこへいくと女子校では部活の部長も女性がつとめるので、リーダーシップも育まれます。それにお年頃になっても、あまり男子の目を意識せず、その分ののびのびできる一面も。いい意味で野放図にもなれるのも、女子校のよい点のひとつだと思います。

ちょっぴりおませで勉強好きな女子が集まるわが高校の生徒たちは、未来への夢を大きくふくらませていました。これからは私たちも、自分なりの能力を活かして、自分らしく生きられる。社会で活躍するのも可能だ――そんな希望を抱いていたのです。

私は新聞部に所属し、3年のときは部長に。ほかの男子高校に取材に行くなど、楽しくイキイキと過ごしていました。友人にも恵まれ、クラスメイトたちのなかには、生涯にわたっておつきあいが続いている人も少なくありません。

「女に学歴は不要」と言わなかった父

私が少女だったころは、まだまだ「女性に学歴は必要ない」「いいところにお嫁に行くのが女の子のいちばんの幸せ」といった考え方のご家庭も多かったように思います。

大学に進学したのは1952年でしたが、そのころ、18歳人口のうち4年制大学進学率は、男性約13・3％に対して女性は2・4％（1954年、文部統計要覧より）。女性で4年制大学に行く人は、ほんのわずかでした。

父が考古学者でしたので、わが家にはときおり考古学の学究の徒が集まっていましたが、そのなかにFさんという女性がいました。Fさんは日本女子大学を優秀な成績で卒業してから、東北大学へ入学。当時、女子には旧帝大に進むための旧制高校への入学が許されていなかったので、女子大を経由する必要があったのです。

あれは確か、私が小学校低学年のころ。ある日、Fさんが帰った後、父が、「恵子もFさんのように東京で一流の女子大を出て、その後、東北大にでも行くんだな」と言いました。それを聞いて「あぁ、この親は自分を帝国大学と名がついているところに入れようとしているんだ」と、ちょっぴりいい気分に。私は2歳違いの兄に対抗心を燃やしていたので、父に「お兄様は?」と聞きました。すると父は当然といった口ぶりで「坊は東大だろう」。

確かに兄は優秀でしたから、東大を目指しても不思議ではありません。でも私は父の言葉に、メラメラと対抗心を芽生えさせたのです。

「どうしてお兄様は東京で、私は寒いところに行かなきゃいけないのよ」

などと、いささか論点がずれた反論を試みた覚えがあります。

父は優秀な兄を偏愛しており、私に対してはとくに期待していませんでした。でも7つか8つの娘に「いいところにお嫁に行け」とは言わず、「東北大にでも行くんだな」と言ってくれたことについては、いまでも感謝しております。

おてんば娘、着物の裾をおっぴろげる

ある日、親戚のおばさまが家にいらしているとき、おてんば娘だった私は押し入れの上段から飛び降りました。当時のことですから着物姿。裾をおっぴろげて飛び降りた私に、親戚のおばさまは呆れたようにこう言いました。

「恵子さん、そんなお行儀の悪いことをすると、お嫁のもらい手がないわよ」

私はパッと言い返しました。

「恵子、いいもん。お父様がお嫁に行かなくてもいいとおっしゃったもん」

まぁ、なんと憎たらしい子でしょう。

もしわが家が、「女に学歴など不要」「いいところにお嫁に行くのが女の子のいちばんの幸せ」という教育方針だったら、私の人生は大きく変わっていたでしょう。

東京大学に入学。女子学生は〝珍獣〟のようなもの

1952年、東京大学に入学。生まれてはじめて、本当の意味での男女共学を経験しました。旧帝国大学のうち、北海道大学、東北大学、大阪大学、九州大学などは、戦前から女性にも門戸が開かれていました。なかでもいちばん早かったのが東北大学で、1913年に女子の受け入れを開始。ところが東大と京大の2校は、戦争が終わるまで女性に対して門戸を閉ざしていたのです。

第二次世界大戦後、占領軍（GHQ）は平和、自由、民主主義を目指し、日本に一連の法改正を課しました。教育の自由化もそのひとつ。女子への高等教育の開放を強く要請するアメリカの圧力もあって「女子教育刷新要綱」が施行され、東大も女子を受け入れるよう方針が転換されました。

かくして1946年、はじめて東大に女子学生が入学。総入学者数898人の

うち、女性は19人でした。初期の女子入学者のなかには、後に東大初の女性教授となった社会人類学者の中根千枝さん、労働省に入省し男女雇用機会均等法の制定に尽力した森山眞弓さんなどがおられます。

私が入学したのは、それから6年後です。入学者約2000人のなかで、女子は60人に満たなかったはず。全体の3％弱くらいしかいません。

教養課程の2年間は駒場キャンパスで過ごしましたが、女子は4、5人で教室の隅で固まって座るのが常でした。そのまわりを、なぜかいつも同じ10人くらいの男子が取り囲むのです。もしかしたら男子校出身で、女子が物珍しかったのかもしれません。あるいは女子に憧れていたのか、はたまた騎士を気取っていたのか。真意は測りかねます。

あるとき、別の男子グループから、「あなたたちにもっと近づきたいのに、いつも阻まれるんだよなぁ」と言われました。われわれ女子学生は、いわば〝珍獣〟のようなもの。パンダほどの人気はないにしても、女性というだけで衆目を集める存在でした。

ショックを受けた忘れられない言葉

高校で新聞部の活動の面白さに味をしめた私は、大学でも新聞部に入部を希望。勇気を奮って、部室のドアを叩きました。教養課程は2年間ですから、駒場の新聞部に在籍しているのは2年生まで。扉を開けると、2年生らしき男子学生が3人いて、私の姿を見たとたんびっくりしたように固まってしまいました。どうやら女子学生が入部を希望するなどと、想像もしていなかったようです。

「入りたいんですけれど」と言ったら、しばらく沈黙が続いた後、3人のうちの1人がにっこり笑ってこう言いました。

「うれしいな。これで、掃除と会計をやってもらえる」

なんたること！　掃除と会計も大事ですが、いきなりの洗礼。私はこれでもけっこう執念深いところがあって、90を過ぎるいまに至るまで、この言葉をしっかり覚えています。

入部したものの、取材や記事の執筆はほとんど回ってきません。たまに「この本は女性にも関係しているから、書評書かない？」と声をかけてくれる程度です。「まぁ、かわいそうだから、このくらいやらせてあげよう」といった感じで、仲間として迎え入れようという雰囲気ではありませんでした。

めげずに東京大学新聞研究所へ

2年に進級するとき、ばからしいからもう新聞部はやめようかとも思いました。ところが1年遅れて駒場キャンパスに入学してきた小学校時代の下級生の男子たちが、なぜか私のファンクラブみたいな感じになり、「おけいちゃん、惜しいよ。続けなよ。オレたちで盛り立ててやるからさぁ」などとエールを送ってくれるのです。それでとりあえず退部は保留に。とはいえ、半ば幽霊部員のようなものでしたが。

もしかして、駒場の新聞部に決してめげない元気な女子がいると、本郷キャンパスにも伝わっていたのでしょうか。3年で本郷に移ると、全日本学生新聞連盟副会長というポストが用意されていました。とはいえ、これは一種の名誉職。「あいつはちょっとうるさそうだから、ポストでも与えておけば、おとなしくしてるのでは」とでも考えたのではないか。確かめたわけではありませんが、そんなふうに勘繰っていました。

本郷でもやはり実質的にはあまり新聞部の活動をさせてもらえず、またしてもがっかり。そこで試験を受けて、高い倍率を潜り抜け、東京大学新聞研究所に入所しました。新聞研は研究教育組織で、いまの東京大学大学院情報学環・学際情報学府の前身のひとつです。ここで新聞を中心に、ジャーナリズムについて勉強しました。そのなかで私はいつしか、ジャーナリストになりたいという夢を抱くようになりました。

在学中に父が他界。自分の進むべき道を考える

ジャーナリストを目指そうと思ったのは、いくつかの理由があります。

まず結核の療養期間中、時間はたっぷりあったので、自分はこの先どう生きるかを10代前半の少女なりに考えました。これでも自己分析力はそこそこあるほうです。このご面相では、結婚市場では一級品にはなれないことはよく自覚していました。では、どうすればいいのか――。

なにかの折に父が、「家を建ててやるから、田舎出身の秀才と結婚して、恵子は女子大の先生でもやればいい。ムコ殿は、別の大学の先生にでもなって……」などとのたまわったことがあります。父ははっきりと「お前の器量じゃあ」とは言いませんでしたが、家をつけてやればもらってくれる男もいるだろう、という

考えがあったのではないでしょうか。そして自分も学者なので、やはりできれば学者と一緒になってもらいたいし、娘にも学究の徒になってもらいたいという気持ちがあったのかもしれません。それも悪くないな、と思ったりもしました。

ところが大学在学中に父が他界。大学院に進学するより、すぐにでも自分で稼ぐ道を選ぶべきではないかと思いました。

そんなとき思い浮かんだのが、父の知己である、やはり考古学者のお嬢さんでした。日本女子大を卒業後、読売新聞に就職。後に結婚退職されましたが、女性でもああいう生き方ができるのだというロールモデルがあったことは、おおいに励みとなりました。

前途洋々のはずが、はじめての挫折

ジャーナリズムの勉強をするいっぽうで、大学の混声合唱団に入団し、歌いまくっていたおシバさん（私のことです）。夢のような楽しい学生生活を送っていました。

また、女子学生が集まる場で代表的な立場に選ばれるなど、人前で話したりする機会にも恵まれました。そういえば、読売新聞の成人式の日にちなんだ作文投稿で最高位になったこともありました。ですから気分だけは前途洋々。

「よし！　新聞社を受けて、晴れて入社した暁には、思う存分筆をふるおう！」

おっちょこちょいの私は早くもウキウキ、取らぬ狸の皮算用。新しい時代が到来したなどと浮かれていた私は、本当におバカさんでした。女性の就労の現実についいて、まったく知らなかったのです。

そんなわけで朝日新聞社と読売新聞社を受験し、両方とも見事に不採用。その年は主要新聞社すべて、女子は門前払いでした。

世間知らずの私は、情報収集も準備も覚悟も足りなかった。ですから、簡単に挫折してしまいました。

夫の死に泣いて。シングルマザーとして奮闘開始

「女性の定年30代」という時代

最近、30代の女性と話す機会がありました。

「私が若いころ、定年は何歳だったと思う？」

彼女にそう尋ねると、「う〜ん、55歳でしょうか」。

いいところをついています。昭和初期、55歳定年がスタート。当時は乳児死亡率が非常に高かったため、男性の平均寿命は50歳前後。10歳未満で死んだ子どもを引いて計算すると、男性は平均して60歳くらいまで生きたことになります。

つまり定年後、間もなく人生を終える人が少なくなかったのです。ですから、文字通り終身雇用。もっとも昭和初期、勤め人の割合は、それほど多くはありませんでした。私が大学を卒業するころになると、平均寿命も延び、１９６０年の男性の平均寿命は約65・3、女性は約70・2に。この時代も、男性の定年は55歳です。

「では、女性の定年は？」

彼女はしばらく考えてから、「当時は、いわゆる寿退社が普通だったんですよね」。

はい、その通り。企業に就職する際、「結婚したら退職する」と誓約書を書かされることも少なくありませんでした。

とはいえ、当時はまれだったとしても、結婚適齢期（考えてみたら、いえ、考えなくても、とんでもない言葉です）になっても結婚しない女性もいれば、結婚しても仕事を続けたい人もいたはず。でも一流企業ではとくに、女性社員は男性社員のお嫁さん候補と目されていた節もあり、〝適齢期〟を過ぎた女性や既婚女性が居座るといささか不都合だという経営側の勝手な理屈もあったようです。しかも男女別賃金。女性の賃金は、男性に比べて圧倒的に低かったのです。

「じつは男女別定年制といって、女性は35歳が定年という会社がけっこうありました。なかには30歳とか、31歳という会社もあったのよ」

私がそういうと、30代の彼女は心底びっくりしたらしく、「ひぇ〜っ」と大声をあげました。私たちは、そういう時代を生きてきたのです。

無用なプライドは捨てる。夫の一言に目覚めて

というわけで、ここからは女性が仕事をするのがまだまだ珍しかった時代に生きた私の怒濤の職歴をささっとご紹介したいところですが、その前に結婚です。

新聞社に入社する夢が破れた私は、すっかり意気消沈。なんとか時事通信社に

入れてもらったものの、当時、女性はあまりメインの仕事がもらえず、雑用が多かったのです。そんなとき、なかなかイケメンの男性とのお見合い話が来たので、これ幸いと結婚に飛びつきました。

夫となった人の魅力は、決して容姿だけではありませんでした。会って話しているうちに、人間的にすぐれており、懐が深い人であることが感じられたのです。しかも年齢的には少し先輩ですが、彼は学生時代、同じ大学の男声合唱団に所属していたので話も合います。

夫は苦学の末、大学を出たエンジニア。工場のある山口県の社宅で、新婚生活が始まりました。専業主婦となった私は、刺繡をしたり、娘が生まれると服を縫ったり。張り切って料理にも腕をふるい、主婦生活を満喫していました。

そんな毎日を送っていたある日、夫が思いがけないことを言いました。

「僕たちは、国民の税金で大学を出たんですよ。世の中には、大学に行きたくてもあきらめて、中卒、高卒で働いて税金を払っている人がいる。おけいちゃんは、そういう人たちの役にたつために、もっとできることがあるはずだ」

私は居住まいをただして、神妙な面持ちで、「はい」と答えました。「だって」と反論せず、素直に「はい」と言ったのは、夫はとても大切なことを言っていると思ったからです。あの時代、そのような考え方をする男性は、決して多数派ではなかったはず。なぜ夫は、私にそんなことを言ったのか。もしかしたら、私の心のなかに巣くっていた無念な思いに気づいていたのかもしれません。そしてフラットな目で見て、この人は仕事をするほうが向いていると判断したのでしょう。いま思えば、かなり先進的な男性だったと思います。夫はこうも言いました。

「東京に戻ったら、なにかしら仕事を見つけられるはずだよ。チャレンジしてみたら?」

夫が東京へ転勤になると、ひたすら職探し。変なプライドは捨て、新聞の三行広告を見ては履歴書を送り続けました。なにせ、女性はたとえ正社員になれても、結婚退職が前提。なかには「妊娠4ヵ月で退職」という内規があるところも。もし結婚しなかったとしても、30歳や35歳で定年というのがまかり通っていた時代です。４年制の大学を出て、結婚もして子どももいる女性を採用してくれるところなんて、そうそうありません。たぶん、１００社以上に履歴書を送ったのではないでしょうか。とにかく就職試験を受けさせてもらえるところまで漕ぎつけるのが大変でした。

正規職員の道は遠く

苦難続きの就職活動の末、ようやくアジア経済研究所に就職が決まりました。通称「アジ研」は、開発途上国・地域の経済、政治、社会について基礎的・総合的研究を行う、通商産業省（現・経済産業省）所管の特殊法人です。研究者と研究者の卵が集まっているせいか、学者の家で育った私にとっては、なんとなく馴染みのある空気感でした。そんなわけで居心地がよく、私は甘納豆などをかじりながら雑誌の編集を手伝うようになりました。念願の職種につけ、ときには海外の記事の翻訳なども。楽しい日々を過ごしました。

私と同時期に、早稲田大学を出た男性も臨時所員として入所。その人も私も、正規職員ではありませんでした。

ある日、事務長が彼のところにやってきて、「正規職員になるための昇進試験を受けないか」と言いました。なるほど、そういう手があるのかと思い、さっそく人事課へ。

「あのぉ、その試験、私も受けちゃいけませんか」と尋ねたところ、かえってきた答えは「研究所の最初からの方針で、所員は男性に限るんですよ」。

またしても、女であるがゆえの壁。とはいえ、女性の正所員もいることはいたのです。ただしその方々は、入所するときに「結婚の際は必ず退職いたします」という誓約書を書き、ようやく採用されたそうです。すでに結婚して子どももいる私に、正所員になる道はありませんでした。

〝祖母力〟にも助けられて

いつまでも意気消沈してはいられません。やはり新聞の求人広告で、出版社の学習研究社（学研）が保育雑誌のために編集経験のある人を募集していることを知り、さっそく応募しました。

筆記試験は無事通過。二次、三次と面接試験が続きました。社長面接のひとつ前の面接でのこと。女性の面接官もいましたが、なんと、うちは子持ち女性は採用していない、と言うのです。そのころの私はさすがに百戦錬磨、黙って引っ込むほどヤワではありません。落とされる覚悟で、こう憎まれ口をききました。

「読者、つまりお得意さまは、子持ちのお母さん方ですよね。子持ちの編集者を排除して、よく雑誌をつくれますね」

どうやら面接担当者は、そんな強気の発言をする私を面白がってくれたようです。かくしてめでたく、社長面接へと漕ぎつけました。すると社長はこう言いました。

「あなたにはお子さんがいる。私は、子どもが小さいうちは母親がしっかりそばにいて育てるべきだと思っているけれど……」

そして、こう続けたのです。

「私は九州の炭鉱街で育ちました。母は、やはりこれからの時代は学歴も大事だと考えたのでしょう。私を師範学校にやるために、炭鉱の選炭婦として働きました。そのおかげで私は教員になれ、校長にもなり、いまはこうして学研の社長にもなりました。だから、母親の就労というのも大事だと考えています」

いやぁ、社長の話にはしびれましたね。こんな会社で働きたい！　心からそう思いました。さらに面接は続きます。

「ご主人様は？」

「キヤノンに勤めています」

「いいところにお勤めですね。ご主人様は、あなたが働いてもいいとおっしゃったの？」

「真面目に一所懸命働くならいいと申しました」

かくしてめでたく学研に入社。編集部員として取材にでかけ、原稿を書く日々が始まりました。

取材に駆け回るなかで、子育てをしているお母さんの悩みなど、生の声もたくさん聴きました。また文化人などを取材し、インタビュー記事を執筆する機会も。おかげで見聞を広めることができました。保育雑誌の付録では、共働きの子育てに関する取材もし、署名原稿を書かせてもらえることも増えました。当時、お母さんが働くことに対して世間的な風当たりが強く、皆さん苦労されていたのです。

私自身、娘にはさびしい思いもさせてしまいました。しかも子育てに関しては母に頼りっきり。娘の面倒をみてくれる母の〝祖母力〟のおかげで仕事を続けられた、といっても過言ではありません。

32歳、思いがけない夫の急死

そんなわけで充実した日々を送っていましたが、結婚7年目、夫が病に倒れ、わずか3日で急逝してしまいました。あまりにも突然のことに、人生であれほど泣いたことはないというほど泣きました。でもある方から、こう言われたのです。

「あなたは泣けるだけまだ幸せよ。職のない女性が急に夫に死なれた場合、明日からどうやって食べていこうかとパニックになるのよ」

その方に悪気はなかったのだと思います。そして私も、本当にそうだと納得しました。

私は当時32歳。娘は4歳でしたから、この先、子どもの教育費がかかります。幸い私には仕事があり、しかも働くのが大好きです。娘の世話は母にお願いし、前を向いてがむしゃらに仕事をすることで、悲しみを乗り越えようと思いました。

このころからです。女性が仕事をする「権利」を奪われている日本社会で、いかに女性が弱い立場を強いられ、どれだけリスクを抱えているか。私は、もっともっと労働問題や女性問題に対して自覚的にならなくてはいけないと考えるようになりました。よし、この問題についてしっかり勉強をしよう。そう心に決めました。

働くシングルマザーとして、新しい時代を感じて

当時日本の一流企業の一部では、会社への貢献が大きかった社員が早くに亡くなると、希望すれば妻を雇ってくれる前例がありました。終身雇用制の時代ならではの〝寡婦救済制度〟です。私も〝救済〟の前例に乗ることにしました。というのも、学研の仕事をしながら、徐々に他社からも署名原稿を依頼されるようになっていたのです。評論家活動を始め、署名原稿の仕事を増やしていきた

かった私にとって、5時に終わる職場は魅力的でした。

それまでは研究所や出版関係の職場で働いていましたが、いわゆるメーカーで働くのははじめての経験です。配属は広報宣伝課でした。

そのころ、それまで高級機専門だったキヤノンは〝キヤノネット〟というコンパクトだけど性能のいいカメラを売り出し、大好評でした。話し合いの結果、「キャッツ・アイ・キヤノネット」というキャッチフレーズに合わせて、猫の顔のアップの写真を宣伝に使うことになりました。そこで私はアビシニアンのブリーダーのところに行き、何匹もいるなかでいちばん目のきれいな子を借りる運びに。連れていこうとしたらなぜかほかの猫からオシッコを掛けられたりもしましたが、無事、撮影することができました。

記憶にある成果といえばそのくらい。仕事でたいした成果をあげていないのにお給料を出していただき、本当に申し訳なく思っておりますし、感謝の気持ちでいっぱいです。

一般企業で働いたことで、希望も見えてきました。まだ始まったばかりでしたが、当時キヤノンには、男女問わず勤続年数に応じて専門職試験や昇進試験を受けられる制度ができました。男女両性にチャンスを設けたという意味では画期的でしたし、私自身、新しい時代を感じとりました。

そうした企業のあり方や、わずかずつですが進みつつある社会の変化に、勇気をもらいました。もう絶望ばかりしてはいられない。これから日本社会は変わっていくはずだと、光明が見えた気がしたのです。

幸運のもとは、「人との出会い」です

禍福はあざなえる縄の如し

「樋口さんって、運がいいですよね」

よく人からそう言われます。私自身、自分は運がいいと感じています。

集団疎開先が水洗トイレだったのも運がいい。女の子にも勉強をさせてくれる家庭に生まれたことも、兄が本を残してくれたことも、自分で選んだわけではありません。最初の夫も2番目の連れ合いも素敵な男性だったので、男運もいいようです。やはり私は、運に恵まれていると思います。

とはいえ最初の夫を亡くしたときは、自分の不運に泣きました。夫のことは大好きでしたし、若くして幼子を抱えた寡婦になるとは――。彼とはまだまだ、楽しい未来が待っていたはずなのに。この先どうやって食べていこうかと、現実面での不安もいっぱいでした。

でも、その逆境のおかげで、私はがむしゃらに働いたわけです。また、女性がいかに弱い立場に置かれているかも実感し、社会のジェンダーに対する問題意識も育まれました。そのことが、結果的に私の人生を切り開いてくれたのですから、運・不運は裏表。まさに「禍福はあざなえる縄の如し」だと感じます。

そうした「運」の根源は、人との出会いです。私は本当に、いいお仲間や友人に恵まれました。いわば出会い運が、私をここまで導いてくれたのです。そのおかげで、いまがあるのだと思います。

素敵な先輩たちの熱量に圧倒され

私が女性問題に興味を持ち始めたのは、1962年。新聞で「日本婦人問題懇話会」の記事を見たことがきっかけでした。

日本婦人問題懇話会は、婦人運動の先駆者のおひとりである山川菊栄《やまかわきくえ》さんを中心に、婦人問題を研究し、論ずるために設立された会です。発起人に名を連ねているのは、労働省婦人局長時代、男女雇用機会均等法制定の中核となった赤松良子さんや、後に労働省婦人少年局婦人課長を経て参議院議員となった田中寿美子さん、女性裁判官の先駆者である伊東すみ子さんなどそうそうたる女性たち。参加者には弁護士や教師など職を持っている人だけではなく、一般の主婦の方もおられて、シンポジウムなどのイベントが開催されると、女性の生き方、働き方などに関心がある大勢の多様な方が集まっていました。

家庭問題分科会開催の記事を見た私はさっそく会場に足を運び、議論する皆さんの熱量にびっくり。思わず「うっふぁ～」と声が出そうになりました。私はこの人たちのもとで勉強や研究をしたい。もう、その場で即決です。

会に入ると、赤松良子さんなどの先輩方が、「これをやりなさい」「あれを書きなさい」と、なかなか厳しい。要は鍛えてくれるのです。研究してまとめたものをはじめて皆さんの前で発表する日は、3日くらい前から緊張して眠れませんでした。この私にも、そんな初心《うぶ》なときがあったのです。おかげで、評論家としてやっていく基礎を身につけることができました。

討論の場ではすばらしい猛者《もさ》たちに揉まれ、相手を説得する論法なども身につきました。やがて会社を辞め、女性問題、福祉、家族関係論、教育の分野での評論活動に軸足を移すことに。会の機関誌で共働き夫婦の家事分担について夫たちに連続インタビューした記事が話題になり、NHKのラジオ番組に出演する機会を得ました。それをきっかけに、テレビを含めマスコミで活動することも増えていきました。

つまり30代で出会った日本婦人問題懇話会が、その後の私をつくったともいえます。ですから私はこの会を、「私の大学院」と呼んでいます。

なにより大きかったのは、すばらしい先輩方や後輩、友人、仲間と出会えたこと。生涯の財産となりました。

支えてくださった女性たち

会の先輩方のなかには、山川菊栄さんや田中寿美子さんなど私にとって「永遠の師」となった方もいれば、ちょっと甘えられる「永遠のお姉さま」もいます。田中寿美子さんは本当に面倒見のいい方で、『婦人公論』の編集部などに出かけては、私を含めた後輩たちのことを「私たちの会には有望な若い人がいるんです」と売り込んでくださった。おかげで私も、書く機会をいただけました。

お姉さまの代表格が、２０１６年に99歳で亡くなられたエッセイスト・ラジオパーソナリティの秋山ちえ子さんと、２０１９年に１０１歳で亡くなられた生活評論家・随筆家の吉沢久子さんです。

秋山ちえ子さんは、１９４８年からＮＨＫのラジオ番組でパーソナリティを務められた方。かつて聾啞学校の教師をしていた経験もあり、障がい者支援をずっと続けられていました。吉沢久子さんは、文芸評論家の古《ふる》谷《や》綱武《つなたけ》さんと結婚していましたが、生涯「吉沢」の名前で仕事をされていました。実質的には男女別姓を先取りしたようなものです。そして膨大な仕事をこなしながら、お姑さんの介護もされた。「高齢社会をよくする女性の会」を立ち上げる際も、賛同して活動に参加してくださいました。

私はサッパリした性格だと思われがちですが、じつはけっこう愚痴っぽいところがあります。おふたりのお姉さまの前では気を許して、よくわーわーと愚痴をこぼしたものです。

「50年以上同じことを言い続けてるのに、日本は変わらない！　女性の地位が低すぎる！」

「国会議員のおっさんたちは、女性が抱えている問題なんて気づきもしないッ」

私が騒ぎ立てると、「樋口さんは若いからまだ悔しがるのよ。私ぐらいまで生きてごらんなさい。悔しいとは思っても、『絶望的だ』なんて騒がないわよ」と言われたものです。

「歳をとると、楽天的になるんでございましょーかしらー」

甘えついでにちょっと皮肉を言うと、「そういうことじゃないのよ。変わっていく方向に進んでいるのは確かだから。いまから50年たてば、変わっています」。

考えてみたら、私が大学を卒業したころは男女別定年制でした。女性は寿退社が当たり前。仮に結婚せずに職場に居続けたとしても、女性のみ35歳を定年にしている企業も珍しくなかったのです。

私たちはよくもまぁ、そんなひどい扱いに耐えていたものです。そのころから比べると、確かに日本社会も変わりました。

「高齢社会をよくする女性の会」の船出

私が介護を経験した1970～80年は、女性が介護離職をするのは当たり前。私のまわりにも、女性初の管理職に登用されたのに職場をやめざるをえなかった人や、子育て後に研究者の道に再挑戦したものの舅姑の介護のため留学先から呼び戻された人など、女性であるために人生の夢を断念せざるをえない人が大勢いました。

私自身に関していえば、母の介護に直面したのは40過ぎでした。父はすでに他界し、姉も兄もすでに亡くなっているので、実質的にひとりっ子。母の面倒をみるのは、私しかいません。

でもこの先、娘を高校、大学へと行かせなくてはいけないし、夫を亡くしたシングルマザーの身でフリーの文筆家として食べていくには、がむしゃらに仕事をするしか道はありません。そうしないと、家族共倒れになってしまいます。ですから、なんとか仕事を続けるには、母を安心して預けられる病院を探すしか仕方ありませんでした。ところが「親を人手にまかせて」と悪口を言う人がいて、胸がふさがる思いをしました。

１９７０年代になると男女とも平均寿命が70歳を超え、１９８４年、女性の平均寿命はついに80歳を突破（人生１００年時代のいまとなると、隔世の感がありますが）。女性が介護に縛り付けられる時間も長くなりました。そのため介護が終わったと思ったら自分の人生もほぼ終わり、といったケースも少なくありませんでした。そこで、女性が主たる犠牲になって高齢社会が支えられている状況をなんとか変えたいと思った私は、吉沢久子さん、秋山ちえ子さんら先輩方を口説き、賛同者を集め、皆さんと力を合わせて「高齢社会をよくする女性の会」を立ち上げたのです。

運動は大きく広がり、介護保険制度への道につながりました。90年余の人生のなかで唯一誇れることがあるとすれば、その道筋をつくる一端を担えたことでしょうか。それもこれも、大勢のお仲間がいたからこそ。多くの人たち、とくに女性たちの思いがひとつになり、ようやく介護保険制度が誕生したのです。

厚生省との仕事、学生との交流でエネルギーをもらう

いま思えば、「高齢社会をよくする女性の会」の活動を始めたのが50歳のころ。私の人生において、いちばん重要なターニングポイントだったように思います。それ以降、次々と新しい人とのご縁が生まれ、新しい仕事も舞い込みました。厚生省の審議会委員などを拝命するようになり、大学で教える機会も得たのです。

教えていたのは、女性学と家族関係論、高齢社会論。津田塾大学の非常勤講師を経て、東京家政大学の教授になりました。講義は週2回、2日続けて。キャンパスが都心から離れていたので、キャンパス近くにアパートを借り、1泊するの

が常でした。夜になると学生が遊びに来るので、みんなでご飯を食べながらわーわーおしゃべり。若い人たちからもおおいにエネルギーをもらいました。

東京家政大学には、管理栄養士や作業療法士といった資格を取ることができるコースもあります。就職の相談をされると、私は「生涯続けられる仕事を選んでほしいわ」と助言するようにしていました。

ここ数年、教え子からの年賀状に「無事、定年までつとめあげました」といった文言が見られるように。いやはや、年月の経つ速さに驚きます。「先生に教わったおかげで、一度も仕事をやめようとは思いませんでした」などと書かれていると、心からうれしく思います。

笑いをとれたら有頂天！日本全国を仲間とともに

皆さんの声を聞いて。講演したり、台本を書いたり

よりよい高齢社会にするためにはどうしたらよいのか。教育、福祉、介護の現場の方々の声を聞くために日本全国を回りました。そしてたくさんのシンポジウムや講演会にも足を運んでいます。私は皆さんの前でお話しするのが大好き。むずかしい内容でも、なるべくやさしく面白く伝えたいと心がけているので、ここぞというところで会場がワッと笑ってくださると、本当にうれしくなります。

「観客の皆さんが笑ったり、涙したり、拍手してくださる姿を見るのがなにより

の幸せ」。劇作家の方のそんなインタビューを読んだりすると、「わかるわ〜っ」と思わず声をあげたくなります。私は劇作家ではありませんが、台本を書いて演出をするのも、壇上で役を演じるのも好きです。

……なんてことをしばらくぶりに思ったのは、最近、仕事部屋で資料を探していたら、たまたま寸劇の台本が2本、出てきたからです。2本の寸劇はどちらも私の作で、1本は『あげてうれしい花いちもんめ』。もう1本は『行列のできる女の占い横丁』。上演の場は、年末恒例の「女たちの討ち入りシンポ」。「高齢社会をよくする女性の会」が主催しているイベントです。「おぉ、懐かしや！」と思いながら読み始めると、当時のことが映像のように鮮やかに蘇ってきました。

昭和53（1978）年版の「厚生白書」に「同居という、我が国のいわば『福祉における含み資産』とも言うべき制度を生かすに際しては……」などと記載されました。要するにヨメは自宅で舅姑の介護をしろ、ということです。これに怒った600人を超える女性たちが、1982年、新宿文化センターに集合。このときの集まりが、「高齢社会をよくする女性の会」設立のきっかけとなりました。

少子高齢化が進むなか、舅姑の介護は嫁に丸投げされ、女性は人生の選択肢を奪われている。これをなんとかしなければという思いで、翌1983年、「高齢社会をよくする女性の会」を設立。はじめて寸劇に取り組んだのは、1991年に東京で行われた全国大会のときです。〝介護嫁幽霊〟が登場し、ピアノの弾き語りやダンスも交えながらちょっとした芝居をやったところ、予想以上に観客がわっと沸いたのでびっくり。出演者も私も、味を占めた次第です。

1994年からは毎年年末にシンポジウムを行うようになり、記念すべき1回目には、文部大臣を経験された赤松良子さんや、作家のなだいなださん、岩波ホール総支配人の高野悦子さんなど、そうそうたる方々が参加してくださいました。3回目より、「女たちの討ち入りシンポ」と命名。豊かな高齢社会を創造できるよう、それこそ「討ち入り」するくらいの気概をもって、みんなでまとまって世の中に発信しよう——そんな思いをこめてのネーミングです。その討ち入りシンポで毎年寸劇に取り組むようになり、年末名物となりました。

おだてられると「木に登る」

私は少々お調子者で、おだてられるとすぐ「木に登る」ところがあります。気分はすっかり座付き作家。毎年シンポジウムのテーマに合わせて台本を書くのが楽しみになり、一年の締めくくりのつもりで、ワクワクしながら取り組みました。

とはいえ、始めたころはさまざまな役職を兼任し、大学でも教えており、目が回るような忙しさ。脚本は遅れに遅れ、出演者をやきもきさせてしまいます。ですから自他ともに「遅筆ぶりだけは井上ひさし先生並み」などと言っていました。こんなところで引き合いに出して、井上先生、すみません！　でもご自身で「遅筆堂」という号を名乗っていたくらいですから、許してくださいますよね。

もうひとつ、寸劇の脚本を書く際には、井上ひさしさんの次の言葉を勝手に指針とさせていただいていました。「むずかしいことをやさしく、やさしいことをふかく、ふかいことをおもしろく、おもしろいことをまじめに、まじめなことをゆかいに、そしてゆかいなことはあくまでゆかいに」。私も、皆さんに笑っていただきながら、大事なことをお伝えしたい。そしてスタッフも出演者も、見に来てくださる皆さんも、おおいに楽しみつつ、問題意識を共有したい。その精神で、「遅筆堂恵子」なりにがんばってきたつもりです。

寸劇には、評論家で作家の吉武輝子《よしたけてるこ》さんやノンフィクション作家の沖藤典子《おきふじのりこ》さんなどの著名人をはじめ、ときには厚生省の現役職員の方もゲストで登場してくださり、「今日は吉良上野介《きらこうずけのすけ》役でまいりました」などとジョークの応酬も。政府側にも国民の期待に応えたいという方はいて、「とは言っても予算が」など言い分があります。お互いの「言い分」を「イーブン（対等）」に披露できるシンポジウムは、立場の違いを超えて生の言葉をぶつけ合う、よい機会だったと思っています。行政や政府の方々に対しては問題提起をしつつ、手を携えて、みんなで楽しく運動を盛り上げて社会を変えていこう。それが私たちのモットーでした。

「介護顕彰」なんてしゃらくせえ

さて、くだんの2本の台本のうち1本、『あげてうれしい花いちもんめ』。この寸劇が上演された1997年の12月、2年越しの論議の末、ようやく介護保険法が通過。いよいよ3年後に介護保険が始まりそうだ、というタイミングでした。『あげてうれしい花いちもんめ』は、「介護顕彰」がテーマです。芝居はまずプロローグとして、進行役である渥美《あつみ》右桜《うおう》左桜《さおう》こと監事の渥美雅子さんの、講談調の語りから始まります。その一部をご紹介しましょう。

「さて、当会がこの画期的本邦初の調査に取り組みましたのは、全国各地で行われる『介護顕彰』なるものに、女たちがハテナマークをつけたことが出発点でございます。いまを去ること約20年、国際婦人年のはじまりたるころ、当会代表・

樋口恵子が、はるばる四国は高知県にて出会いしは、ナナ、ナーント『模範嫁顕彰』。寝たきりの舅姑をよく介護せし『嫁』を選びて、お偉方が表彰するとのことであった。いやはやまるで、昔のお奉行様のお褒めのことば、戦前は内務省の指示を受け県や市町村が行っていた『孝子節婦』表彰。孝子とは親孝行な子、セップとはおわかりかな。セップクではござりませぬぞ。

夫の親を看取り、夫を看取り、間違っても『失楽園』にもぐりこみ悶え地獄に落ち込むなどという不埒千万なことは考えもせぬ操正しき女、嫁、妻のこと。こういう人をお上がお褒めくださる、いわば帝国臣民に犠牲を強いた時代の名残を止《とど》めるものではございませぬか」

……とまぁ、こんな具合です。その時々の流行や話題なども取り入れるのが、遅筆堂恵子流（このころ、渡辺淳一さんの小説『失楽園』が大評判だったのです）。

第一場は、表彰主催者代表6名が登場。たとえば沖藤典子さん演じる顕彰を与える側のお偉方は、こんなセリフを言います。

「私の町ではその名もゆかしく『孝養賞』と言いましてな。いまの世は『親に孝』の道徳が薄れたことが、そもそもの間違いではないでしょうか。わが町の入り口には『親孝行宣言のまち』という立札が立っていて、町民のモットーにしております」

ちなみにこういったディテールは、全国の会員の方たちが地道に調査してくださった「事実」を基に書いています。ですから寸劇を見ながら、観客の皆さんはさまざまな情報を得ることもできるわけです。

さて、6人がそれぞれ思いのたけを語っているところに、ドドンドンドンと討ち入りの太鼓の音。討ち入り装束を身に着けた人物が登場し、口々に「表彰なんてしゃらくせえ」「表彰状、政治がさぼった証明書！」「表彰するより時間くれ～」などと叫びます。遅れてハーハー、ヨロヨロと舞台に登場した私は、「体重80キロ、ウエスト80センチ、人生80年、80の三つ揃いでなにが悪い」。

この場面でドカンと笑いの渦になったことを、いまもハッキリ覚えています。

第二場では、顕彰された嫁たちが本音を語ります。いままで日が当たらなかった介護に日が当たっただけでもうれしいと語る嫁たちがいるいっぽう、もらってくやしい嫁たちも。彼女たちは「花いちもんめ」の替え歌を歌いながら登場します。そう、樋口恵子作の寸劇には必ず替え歌が登場するのが特徴です。この替え歌を考えるのも、楽しいひととき。机にかじりついていい替え歌を思いつくと、夜中に「ヤッター！」と叫び、ニヤニヤ笑いながら小声で歌ったりしたものです。

心と心を結びつけた、小学生の『義経千本桜』

ところで、私と寸劇の出会いは、ゆうに80年近く前にまでさかのぼります。私は小学校6年生のとき、学童集団疎開を経験しています。疎開中は、1クラスにつき1人寮母さんがいました。いつの世もいじめは存在しますが、戦時下という特殊な状況で、いじめも陰湿化していたのでしょう。私たちのクラスの寮母さんは、どうやらほかの寮母さんからいじめられているようでした。

私はクラスメイトに、寮母さんを慰める会をしようと呼びかけたところ、1人が、『義経千本桜』のワンシーンをやってはどうかと提案してくれました。貧乏考古学者の父は「質素を旨とする」がモットーでしたので、わが家は娯楽的な楽しみとは無縁。ところが目白で大繁盛の蕎麦屋の娘さんだったクラスメイトは、毎月、家族で歌舞伎を見に行くのがならいとか。とてもお芝居に詳しく、「もうし、もうし、義経様～」などと、口伝えで歌舞伎風の声色を教えてくれました。

たぶん彼女の家は、家族が歌舞伎の声色を使って、みんなで笑い戯れたりしていたのでしょう。そういう家庭も素敵だな、と感じました。集団疎開など、しないですむにこしたことはありません。でも家族から離れて集団生活をしたおかげで、それぞれの家庭に固有の家庭文化があると実感できたのは、ある意味でよい経験だったと思います。

慰める会は大成功。クラスメイトみんなでなにかをつくり上げるのはとても楽しかったし、寮母さんもおおいに笑ってくれたのが、なによりうれしかった。会が終わると、彼女は「ありがとう。わかってくれていたのね」と言って、そっと涙をぬぐいました。私たちも思わずもらい泣き。笑って泣いて、忘れられない思い出となりました。その経験を通して、寸劇はやる人も見る人も楽しいし、人の心と心を結びつけると子ども心に感じたのです。

オペラはいまでも大好き

女子高時代も、毎年のようにお芝居をする機会がありました。もっともこちらは寸劇ではなく、れっきとした立派な脚本があります。

私が通っていた東京女子高等師範学校附属高等学校（現・お茶の水女子大学附属高等学校）では、年に1回、演劇祭があり、クラスごとに芝居を上演することになっていました。私はモリエールの『女学者』など、これと思った作品を「この作品、どうかしら」と提案し、言い出しっぺ特権でちゃっかりいい役をゲット。もちろん自分はお芝居がへたくそだという自覚はありましたし、女優を目指していたクラスメイトの見事な演技には心から感服していました。なにはともあれ、みんなで練習するのが楽しくて仕方なく、夢中になって取り組んだものです。

大学に入って歌うことに目覚めてからは、オペラにも興味が湧きました。一ファンとして、いまでもときどきアリア集のＣＤを聴いたりして楽しんでいます。

苦渋と感謝、70歳で都知事選に

大学を退官する70歳のとき、まったく予想もしていなかった事態が勃発しました。２００３年、多くの女性たちの声に背中を押され、無謀にも東京都知事選挙に出馬したのです。

その年の3月初め、仲間の女性たちからぜひ立候補してほしいという声があがりました。私は政治家になるつもりはないし、都知事選に立候補するなんてこれっぽっちも考えたこともありません。ところが3月7日に石原慎太郎氏が再選を目指して出馬すると表明したころから、気持ちがざわつき始めたのです。

石原氏はある方の言葉を引用して「〝文明がもたらしたもっとも悪しき有害なものはババア〟なんだそうだ。〝女性が生殖能力を失っても生きてるってのは、無駄で罪です〟って」(『週刊女性』2001年11月6日号)と発言。この言葉に、どれほど多くの女性が傷つき、怒ったか。しかも当時は「男女共同参画」「ジェンダー」を禁句にすべしといったバッシングの嵐も吹き荒れていたのです。そんななか、さまざまな分野の怒れる人たちが私に出馬を要請してきました。もちろんハナから負けるとわかっている選挙戦でした。でも、「怒っている人たちがこれだけいる」と世に示すには、立つしかない。ここで断れば、推してくれた方々を裏切ることになる——いささか悲壮な決意で、蛮勇をふるった次第です。

準備期間たった17日間で、選挙期間に突入。私は石原氏を「独断専行」「軍国おじさん」と批判し、選挙戦に臨みました。結果は石原氏に大きく水をあけられて2位。それでも82万票近くの票をいただいたのです。これには驚きました。都知事選出馬は苦い思い出ですが、これだけ多くの方々が支持してくださった事実は重く受け止めており、責任も感じております。また、応援にかけつけてくださった方々への感謝の気持ちも、生涯忘れてはいけないと肝に銘じています。その思いが、この歳まで仕事を続ける原動力になっているのかもしれません。

繰り返しになりますが、私は本当に「出会い運」に恵まれました。すばらしい人たちと出会えたからこそ、いまの私がある。私は本当に、運がいいと思います。

〝回想〟は恵みの時間。すべての経験が糧になる

しばらく思い出に浸ったあと、心に残るのは少しばかり切ない気持ちとあたたかい気持ちの両方です。そして「思い出す」という人間の営みの深さ、面白さ。

〝回想〟は、私たち高齢者にとって恵みの時間かもしれません。なにせ生きてきた年月分の経験があるので、回想の〝素材〟はたっぷりあります。外出できなくなっても、頭のなかは縦横無尽。過去と今を自由に行ったり来たりできます。本棚に並んでいる本やタンスの中の1枚のスカーフから、古い記憶が引き出されることも。それをメモに書き留めるのも楽しい習慣になりそうです。

誰でもそうだと思いますが、人生、いいことだけではありません。喜びと同じ量だけ、失敗や挫折、悲しい別れ、痛恨の出来事もあるでしょう。いっぽうで、一見マイナスと思える出来事や苦い経験が、年月を経るなかで熟成され、人生を豊かにする糧ともなる。この歳になると、すべての経験が私という人間をつくってきたのだとはっきりとわかります。

ですから今、悩んでいる人や迷っている人にも、「その経験は決して無駄にはなりませんよ」「いつかきっと、実りを味わえる日が来ます」とエールを送りたいと思います。

IV

対談

黒井千次×樋口恵子

われら同級生、91歳。戦禍も老いも生き抜いてきた

撮影・村山玄子

作家の黒井千次さんは、
小学校の同級生。
それぞれの視点で「老い」を
語り合いました

小学6年で集団疎開、その目で見てきたこと

樋口　私たちは同じ小学校（東京市豊島区高田第五尋常小学校。現・目白小学校）の出身で、同学年。誕生月も同じ5月でしたね。

黒井　樋口さんは何日ですか？

樋口　4日です。

黒井　僕は28日だから、おっ、年上の女《ひと》だ。記事が出るころはお互い91歳ですね。

樋口　黒井さんは『読売新聞』に、老いの実感を綴ったエッセイ「日をめくる音」を連載なさっていて。いつも楽しく拝読させていただいております。

黒井　いやいや、それはこちらの言うことです。それにしても、お会いするのは何年ぶりだろう。

樋口　私どもの「高齢社会をよくする女性の会」の大会にお招きしたのが198

4年でしたから、あれからほぼ40年。あのときは「女性がつくる老後の文化」がテーマで、佐藤愛子さんや俵萠子さんなど、ゲストが豪華でした。男性にも参加していただきたいと思い、作家としてご活躍中の黒井さんに声をかけ、ご快諾いただけた。

黒井　そのころ、お互い50代。しかし昔と比べると、「老い」を取り巻く状況が変わりましたね。

樋口　当時は「人生80年」と言われ、身の回りに80まで生きる人はそういませんでした。それがいまや人生100年時代です。まさか91歳同士で対談する日が来るとは。（笑）

黒井　いまや貴重な同級生ですよ。次第に、友人も亡くなって数が少なくなっていきますし。

樋口　この歳になるとそういう「気づき」が増えますね。たとえば、昨日のことより、昔の出来事のほうが記憶に鮮やかだったり。

黒井　そうそう、樋口さんは――小学生当時の姓は「柴田さん」でしたが、子どものころから目立っていましたよ。背が高く身体が大きくて、いつも友達を引き連れている感じで（笑）。当時は男子と女子でクラスが分かれていたけれど、僕も背が高かったから、校庭に並ぶと、なんとなく存在が目に入りましてね。

樋口　それはそれは……（笑）。優秀な子が越境入学してくる学校で、黒井さんは物静かな秀才という印象でした。確か級長会議でご一緒した記憶があります。

黒井　忘れられないのは、小学校（國民學校）6年生での学童集団疎開。小学校前半の3年間は楽しかったけれど、だんだん学校が軍国主義化していって。

樋口　疎開先は長野県の湯田中渋温泉郷にあるホテルでしたね。東京から電車に揺られて着いたら、水洗トイレがあったのでびっくり。自宅は汲み取り式でしたから。疎開にはどのような思い出がありますか。

黒井　男子と女子は住む階が違い、交流はなかったですね。あの時代の空気とでもいうのかな。男子はミニ軍隊のようにヒエラルキーができていて、勉強ができる子がいじめのターゲットになったりもした。1部屋10人くらいでしたが、目をつけられた子は廊下に寝かされたりして……。たまにボスが入れ替わったり、いじめの対象が変わったり。東京では水平だった友人関係がガラッと垂直に変わり、子どもの集団生活の残酷さを痛切に感じました。

樋口　各クラスに寮母さんがいましたでしょう。

黒井　いましたね。

樋口　寮母といっても、女学校を出たばかりの、10代後半から20代前半の女の子。その中にもヒエラルキーがあって、私たちの寮母さんはいじめられる側になってしまった。正面切ってはいじめる側に抗議できないから、「今日の夕方、時間とってくださいね」と言って、慰めるためにみんなで歌ったり踊ったりしたんです。私たちの気持ちが伝わったのでしょうね。途中で「わかる？　ありがとう」と涙ぐんでいらしたのを覚えています。

空襲、家族の死を経てそれぞれの道へ

黒井　1945年、東京で卒業式があるということで、湯田中を出たのが3月10日。よりによって東京大空襲の日です。列車が山を下って高崎に近づくと、東の空が赤い。朝焼けかと思ったら、男性教師が「そうではない」と顔をこわばらせていた。上野に着いたら、周辺がくすぶっていてすごく焦げ臭かったんです。

樋口　東京大空襲では、一晩で10万人以上もの人が亡くなった。じつは私は、兄が危篤だと連絡を受け、3月6日に一足先に1人で帰京したんです。

黒井　はぁ〜。よく1人で帰ったなぁ。

樋口　兄は結核性脳膜炎で亡くなり、私も兄からうつったのか、結核にかかりました。5月に山の手大空襲があり、わが家は焼け残ったものの、母が「恵子さん、あなた死にに帰ってきたようなものじゃない」と嘆いたのを覚えています。幸い生き延びましたが……。

黒井　そういった体験はもうご免こうむりますね。卒業式の日、僕らが椅子を並べていたら空襲警報が鳴って。ただちに家に帰れと言われ、その後学校から連絡はなし。戦後数十年経って、卒業証書がほしい場合は申し出よと区から通知があった。戦時中のことを思い出すとなんだか頭に来て、「そんなものいるか！」と思いました。

樋口　あのころ、先生方も軍国主義化していったでしょう。

黒井　僕の担任はその最たるものでした。集団疎開の間も、戦況の痛ましさを紛らわすためか、僕らを廊下に並ばせて「神風特攻隊」など軍歌を歌わせた。

樋口　その先生、2歳違いのうちの兄を目の敵にしたんですよ。兄は文学を愛する反戦少年。兄のこともあって、私も憎まれました。でも、友達はほとんどみんな「柴田さん」を支えてくれました。（笑）

黒井　じつはそれには後日談があり、僕が東京大学に入学した後、駒場キャンパスで偶然、その先生に出会ったんです。なんでも民主主義教育を学ぶために派遣されたとかで。それを聞いて僕は、なんだか騙されたような感じがした。先生の立場をストレートに同情も非難もできない。懐かしいとも思えないし、もどかしくて、どう対応していいかわかりませんでした。

樋口　私も同じキャンパスで学んでいたのに、黒井さんとは顔を合わせませんでしたね。

黒井　僕は駒場で見かけましたよ。でも、声をかけなかった。

樋口　あらまぁ、かけてくれればよかったのに。

黒井　大学でも人を引き連れて、先頭を歩いている感じでしたよ。昔ブックバンドが流行って、教科書を十字に縛って持ち歩いていたでしょう。樋口さんは〝荒縄〟で教科書を縛って持ち歩いているのが僕のイメージ。（笑）

樋口　だいぶバーバリアン（蛮風）の印象をお持ちだった（笑）。そのころの私は好きなだけ本を読み、オペラを歌い踊り、まさに戦後の新しい時代を満喫中。大学の新聞部に入って走り回っていました。私は通信社（時事通信社）に入りましたが、黒井さんも卒業後、就職なさいましたね。

黒井　はい。若いころから作家になりたいと思っていましたが、就職したのは生きる手段であり、学ぶ場所であるとも感じて。自動車会社（富士重工業）のサラリーマンをしながら評論や小説を同人雑誌に書くようになり、40歳を前に退社しました。樋口さんも同じころ、評論家として活躍するようになって。メディアに登場する姿を見て、子ども時代と変わっていない、あいかわらず威勢がいいな、と微笑ましく思っていました。（笑）

人生100年時代、70代はまだ「未熟高齢者」

樋口　今日ぜひうかがいたいのは、人生100年時代の生き方です。黒井さんは40歳でサラリーマンから作家という新たな人生を歩まれた。寿命が延びているので、いまの人だと50過ぎぐらいの感覚でしょうか。長寿時代、そういう生き方に興味津々の方は多いと思います。

黒井　僕の場合、運がいいことに、会社を辞めた時期に日本経済が上向きだった。退社前は宣伝部にいたので、広告代理店にも知り合いが多く、テレビのレポーターなどメディアの仕事とも出合えて。だんだん仕事のバランスが変わり、「書くこと」を中心とした生活になりました。

樋口　企業に勤務しながら書く仕事を始めた点は、私も共通します。そして気づいたら、2人とも「老い」について書くお年頃になっていた。（笑）

黒井　自分自身の変化に戸惑うことも増え、老いというものがだんだん無視できなくなる。そこで高齢男性が登場する短篇小説を何作か書いたところ、『読売新聞』の担当者から「あなたが小説で書く〝おじいさん〟は、我々の持っているイメージとは違う。世の中の老人のあり方が以前とは変わってきているのだとしたら、そういうものをエッセイで書いてみないか」と提案された。そんなわけで18年前に連載を始めましたが、当時は70代前半でしたから、「未熟高齢者」などと自称していました。

樋口　さすが、言葉選びがお上手！

黒井　いま考えれば、70代は「老いの青春時代」だと思います。やろうと思ったことはできるし、昔は言えなかったこともいまなら平気で言えるぞ、と。70代と聞くと、「まだまだ若いんだからがんばれよ」と激励したくなる。

樋口　まさに同感。私は常々、「70代は老いの働き盛り」と申しております。仕事もまだできるし、なんでしたら恋愛もよろしゅうございますし（笑）。70代でショボンとしている人を見ると、「しっかりせぇ」と活を入れたくなりますね。

黒井　70代は、まだ先に夢がありますよ。昔だったら、この年代が自由にイキイキ過ごせるなんて想像もつかなかった。長寿時代ならではだと思います。

樋口　日本はご存じの通りジェンダーギャップの大きい社会ですし、生理的な老いの感覚にも男女差があるかと思っていたんです。でも黒井さんのエッセイを読むと、私とそう変わらない。80代、90代と歳を重ねるごとに、もの忘れもすれば身体の不具合も増える。「そうそう」と共感することばかりです。

黒井　未熟高齢者時代は、「降りることへの恐れ」がありましたが、それも過ぎ去って。80代で運転免許を返納したときは、寂しさと同時に身軽さを覚えました。

樋口　私は80を過ぎたころ、好きだった料理がおっくうに感じて。足腰はヨタヘロまっしぐらです。

黒井　僕は朝ベッドから起き上がると、まず呼吸を整えて自分の体調を見ます。腰を伸ばすのも一苦労だし、薬も飲まなくてはならないし、老人特有の忙しさがありますね（笑）。最近、銀行のATMで暗証番号が思い出せずに現金が引き出せなかったときには、さすがに茫然としちゃって。それに、とにかくよく転ぶ。外出先も家のなかも危ない。

樋口　70代はものにつまずいて転ぶけれど、90代は、何もないところでふわっと転ぶでしょう？

黒井　そう、へんな言い方ですが、自然に転ぶんです（笑）。書く仕事は運動不足になるので、僕はウォーキングを40年間続けていますが、だんだん歩く距離が縮まってきちゃって。努力するのも面倒になる。「老い」を否定してもしょうがないし、自分のなかに取り込んで日々過ごしていくしかない。

「老化監視人」に支えられ、ときに怒られて

樋口　エッセイのなかで黒井さんは「わが家の老化監視人」に怒られていますね。

黒井　はい。老化監視人は妻でもありますが、息子と娘です。

樋口　うちにも娘という、ひじょうに厳しい老化監視人がおります。ただ、娘は忙しく働いているので、昼間は私ひとり。この間、昼間に玄関で転倒したときはご近所さんに助けていただきました。

黒井　いい関係だなぁ。

樋口　私は常日ごろ、いまの日本は家族、すなわちファミリーが少ない、「ファ

ミレス」時代だと申しております。子どもが少ないうえに、その子は結婚しない。日本の福祉は長年、家父長的家制度に基づいて家族内の女性が担っていた。でも、その担い手の家族数が減っている。だったら、他人同士で助け合うしかない。

黒井　確かにそうですね。昔は親子3世代が多かったけれど。

樋口　家族がいても、昼間ひとりでいる高齢者は大勢います。その間に何かあったらどうすればいいのか。改めて調べてみると、高齢者の転倒事故による死亡は、交通事故や風呂での事故より多いんです。そういう時代になっていることを、行政もよく考えていただきたい。

黒井　最近、妻が転んで骨を折りまして。娘があちこちに連絡し、介護保険を利用して、あまり待たされずに介護用ベッドが届きました。「介護保険制度」には本当に助けられた。樋口さんたちの尽力の賜物です。

樋口　約40年前、介護保険制度の成立を求めて仲間たちと奮闘したんです。全国の講演会などでも感謝の声をいただくたびに、本当につくってよかったと思いますが、国による制度改定もあって、なんだか邪魔者扱いされることも増えてきました。

黒井　それは由々しき問題だ。

樋口　ですから残り短い余生は、この制度が使い勝手よく改善され、よりよいものになるよう、ＰＲしたいと思っております。

「終わり方」を手にとって置いてみる

黒井　老いの時間をどう過ごすか。樋口さんの本をはじめ、ノウハウや指針となる本がたくさん出ていますね。僕は、これからは、「老いの終わり方」についてもっと語られる必要があるのではないかと思うようになりました。高齢になって生き続ける意味や、終わりを迎えることをいかに前向きに考えるか。従来のように、宗教や信仰の問題として考えるのではなく、「終わり」を手にとって机の上に置いてみるとでも言えばいいのか……。誰にも等しく訪れる絶対的な「死」と、絶対的な「生」の均衡から生まれてくる新しい考え方も必要でしょう。それを生み出すのはとても難しいけれど、やるに値する仕事だと感じています。

樋口　「老い」や「死」は誰にでも平等であり、かつ個性的なものだとつくづく思います。100歳まで元気に生きたいと思っても、それぞれ元気の程度が違いますし。

黒井　事実、転倒したり、勘違いしたりと、老いにはみっともないところもたくさんある。でも、自分がちょこちょこ積み重ねる失敗は、なにか重大な危機を防いでくれているのかもしれない――などと負け惜しみの一つも言いたいところです（笑）。そういう自分も認めないと、「老い」が面白みのない、ただの乾いた時間になってしまうから。やはり人生を俯瞰すると、他人は他人、自分は自分であって、人は自分にふさわしい老い方をするよりほかにないと思うのです。

樋口　「生」ということで言えば、私たちは戦前、戦中、戦後を生き抜いた。私は最近少し気が短くなり、なにか病気やトラブルがあると「長生きしたからこんな目に遭《あ》うんだ」「このあたりでおさらばしたほうが、気が楽」などと考えがち。でも、すぐ考え直します。平和のおかげでここまで生き延びることができたのだから、ああだこうだと言える幸せをもっと深く自覚しなくてはいけない、と。

黒井　僕もこの歳まで生きてきた意味を最近よく考えます。90年たったからこそ見えるもの、言えることもあると思います。

樋口　私は、人口動態調査などのデータを眺めるのが好きでよく見るのですが、私たちより少し上の世代は、戦争で亡くなっている人が多いんです。私たちの世代は戦災死はいても、戦死はあまりいない。

黒井　僕らの5歳上から、男は兵隊にとられ、死んでいった。僕は遅れてきた世代のおかげで生き延びた。

樋口　この先もいろいろな時代が来るでしょうけれど、ものが言いにくい社会になるのは避けたいものです。長寿は、なんといっても平和の賜物ですから、長生きした私たちが平和への思いを橋渡ししなくては。

黒井　本当にそうですね。

樋口　ここで、「ハイ、がんばりま～す！」と、つい拳を突き上げてしまうのが、私の悪いクセ。（笑）

黒井　小学生時代から変わりませんなぁ（笑）。どうか〝雀百まで踊り忘れず〟の精神で、これからもがんばってください。来年もお互い元気だったらまた対談しましょう。

樋口　ぜひとも。黒井さんも、老いについて心に迫るエッセイを、ぜひこの先も書き続けてくださいね。

黒井千次（くろい・せんじ）　１９３２年東京生まれ。１９５５年東京大学経済学部卒業後、富士重工業に入社。１９７０年より文筆活動に入る。『群棲』で谷崎潤一郎賞、『カーテンコール』で読売文学賞受賞。『老いのかたち』『老いの味わい』『老いのゆくえ』（すべて中公新書）など著書多数。

V

老いても上機嫌
7つのヒント

これまでの日々を振り返りつつ、
毎日を若々しく、前向きに生きるために。
よりすぐりのアイデアのうち、
いちばん大切な7つの秘訣をまとめました

上機嫌の秘訣 1

楽しげに生きる

私は、いつも「ご機嫌に生きなければ損」「楽しげに生きよう」と自分に言い聞かせています。

「そんなこと言われても、楽しいことなんてそれほどないのに。私はそんなふうにできないわ」とおっしゃる方。お気持ち、お察しします。また、高齢になると、年齢ゆえの衰えに悩まされることが増えるのも事実です。

生きていれば、いつでも上機嫌でいられるわけではありません。とくに高齢期となれば、不機嫌のタネはそこここに！　怪我や病気、身体の衰えなど、落ち込む材料はいくらでもあります。私もスタスタ歩こうと思っても歩けないし、人と会話していても固有名詞がすぐに出てこない……。歯がゆいことが多々あります。

でも「楽しく生きる」と「楽しげに生きる」というのは、似て非なるものです。「楽しく」はちょっと難しくても、「楽しげに」なら誰でもできます。そして「楽しげに」生きるのは、じつはご機嫌をつくる知恵。もちろん自然に楽しいことがあればいちばんいいのですが、たとえ、実際に楽しいことがなくてもかまわないのですよ。

「楽しげに生きる」ための第一歩、それは口角を上げて笑顔をつくること。高齢になると「への字口」になる人も増えます。すると不機嫌そうに見えるので、なかなか人が寄ってこなくなっているのではないでしょうか。

そこでまずは形から入りましょう。すると案外、心持ちも変わるものです。実際、最近の研究によると、笑顔をつくるだけで筋肉の動きが脳に伝わり、脳が錯覚して実際に楽しい気分になるとか。ようは上手に、自分の脳を騙すのですね。

そして、楽しげな表情になると、あ～ら不思議、人が集まってきます。それに笑顔をつくるには表情筋を使うので、習慣にすると頬のたるみも少しは改善されるかもしれません。もう、いいことずくめではありませんか！

そうなればしめたもの。たとえ形から入ったとしても、楽しい気分になれば免疫力が上がるし、生活習慣病などの予防にも効果がありそうです。場合によっては、不安感や痛みもやわらぐらしいのです。

そういえば「笑いヨガ」なるものもあるそうですね。ハハハハハと大きな声を出して笑い、呼吸法と組み合わせることで、心身の健康を増進させるとか。血液の循環もよくなるし、横隔膜を使い筋力も養われるので、病院や高齢者施設で取り入れているところもあるそうです。みんなで「笑いヨガ」をやっているうちに、本当に楽しい気分になってくると聞いたことがあります。

ちなみに私は、ちょっと落ち込むことがあっても、わが家の猫たちを撫でていると笑顔になります。文字通り猫撫で声で「なんでそんなにかわいいのぉ～？」

「いい子ねぇ。だ〜い好き」などとおバカなことを言っている自分に気づき、ついひとりで、くくくっと笑ってしまうことも。私にとっては猫の存在も、「楽しげに生きる」に役立っているようです。

皆さんも楽しげにしていると、本当に楽しい気持ちになってきますよ。しかもお金は1円もかからないのですから、断然お得！〝老い〟の季節に福を呼び込むための極意かもしれません。

さらにヒグチさん、行き詰まったときは、「まっ、いろいろあらァな」と声に出します。「いろいろあらァな」は〝魔法の言葉〟。自分に言い聞かせていると、なにがあってもあまり悲観的になったり落ち込んだりせず、楽天的でいられます。楽天的でいるクセがつくと、生きるのが楽になるし、日々「楽しげに」なりますよ。

年齢を重ねていくにつれ、健康面や経済面など、不安も多くなるでしょう。だからこそ、「楽しげに生きること」をどうか忘れずに！

上機嫌の秘訣 2

人づきあいはさっぱりと

私は長年、新聞や雑誌で人生相談の回答者もしていますが、さまざまな悩みの中でもなかなかスマートに解決しにくいのが、人間関係の問題です。高齢になっても友達づきあいや夫婦、親子関係に悩む方はたくさんいらっしゃいます。親しかった人と、何かをきっかけにぎくしゃくしたり、疎遠になることもあるでしょう。なかには人間関係のストレスで、心身に影響が出る人もいるかもしれません。

家族関係も、なかなかやっかい。家族だからこそ、ちょっとしたことで行き違って関係がこじれたり、気持ちをわかってもらえず、孤独感を抱いたり。そんな経験は、誰にでもあると思います。

でも私はあまり気に病まず、「きっとなにか事情があるのだろうな」と受け流すようにしています。人間関係は「お互いさま」と思えば、不思議と気が楽になり、あまりがっかりしないですみます。人にはそれぞれ事情もあれば、立場も違う。勝手に相手に期待するのは、ある意味、自分の思い上がりかもしれません。人間関係に失望しそうになったら、にっこり笑って「まっ、いろいろ事情があるのでしょう」と思うようにしています。そのおかげで、この歳まで「恨みっこなし」でやってくることができました。


ここで、ゴメンナサイ。正直に言います。長い人生の間には、ちょっぴり人を恨んだこともあったし、憎らしいと思った人もいました。

その気持ちが失せたのは、70代で東京都知事選に出馬したのがきっかけでした。Ⅲでも触れた通り、まったく準備期間もないのに、82万票近くいただいたのです。

しかも、私が日ごろ少し憎たらしいと思っていた人まで、応援してくれたり、票を入れてくれたりしました。

この経験を通じて、私はおおいに反省をし、心を入れ替えました。一時的にすれ違っても、巡り巡ってお互い気持ちが寄り添う日が来ることもある。衝突して距離ができた人とも、再会を感謝できる日が来るかもしれない。

だとしたら、余生も短いのに、人に対してイヤな感情を持ったり、怒ったり恨んだりといったネガティブな感情を持ち続けているのはもったいない。だから、恨みを忘れなくてもいいけれど、一時棚上げしてほかのことを一所懸命やろう。そう思い、「恨みつらみは棚上げ方式」を採用したのです。

皆さんも、これまで生きてきたなかで、憎たらしい人もいるだろうし、気が合わなかったり過去にトラブルになったりした相手がいるかもしれません。でも残り少ない人生、マイナスの感情を抱き続けていては自分が損します。この際、恨みつらみはしばらく忘れて、楽しいことだけに目を向けませんか。

それでも気が済まなければ、「死んでから化けてやる」と、お化けになった自分を戯画化して想像してみては。ちょっぴりふざけた気持ちでいると、そのうちネガティブな気持ちが薄れていきますよ。

上機嫌の秘訣 3

「今日がいちばん若い」の精神で

「できることは、おっくうがらずにすぐやろう！」

70歳以降、よく自分にそう言い聞かせるようになりました。

週に一度、トレーナーの方に来ていただいて運動をするようになったのも、80歳近くになってからの新習慣。91歳になったいまも「今日がいちばん若い！」と自分自身にハッパをかけて、重い腰をあげるよう努力しています。

なにか新しいことを始めようかなという気持ちが生じても、「もう歳だから」と躊躇したりあきらめたりしてしまうのはもったいない！「今日がいちばん若い」と思えば、思い切って一歩踏み出せるのではないでしょうか。

あたりまえのことですが、時間を遡ることはできません。「あのとき、ああすればよかった」などと思っても、その時点には戻れないのです。だからこそ、やってみたいこと、興味があることは、今日始めてはどうでしょう。高齢になればなるほど、残された時間は限られているので、その気持ちが大切。そうやって一日、一日を大切にしているうちに、気がつけば思いがけない人生が始まっているかもしれません。

そういえば最近、漁師の男性が52歳からピアノを始めて、リストの難曲「ラ・カンパネラ」を弾けるようになったという新聞記事を読んで感心しました。それまで趣味はパチンコだったのに、たまたまテレビでフジコ・ヘミングさんの演奏を見て、「これを弾いてみたい！」と思って猛練習したとか。なにかを始めるのに、何歳でも遅すぎることはないのですね。

「今日がいちばん若い」は、自分の背中を押してくれるおまじないです。

上機嫌の秘訣 4

モノは無理に捨てない

わが家の老朽化が進み、将来のことを考えざるをえなくなったのは84歳のとき。思い切って建て替えることにしました。仕事がら蔵書も多くて床が抜ける危険性もあったし、耐震性にも問題アリ。なにかあったら、ご近所に迷惑をかけかねなかったからです。

そこで待ち構えていたのが、持ち物の整理です。80年以上生きてきた私の持っているモノの量たるや、気が遠くなるほどでした。とても自分では整理しきれないので、助っ人に頼み、目をつぶって半分ほどを処分。それでもどうしても捨てきれないモノは段ボールに詰めて倉庫に預け、新居ができあがってから持ち込みました。

あれから5年。じつは段ボールは、まだ開けずに積まれたままです。それでいいと観念したというか、割り切ったというか。

私は91歳。モノを整理したり捨てたりするために、残り少ない時間と体力を費やしたくはないからです。娘には、「私が死んだら全部捨てていいから」と伝えてあります。

それに、高齢になり家にいる時間が増えると、案外モノがいい仕事をしてくれるのです。いろいろ引っ張り出しては、「このスカーフはあの方と一緒に海外に行ったときに買ったんだわ」と楽しかった旅を追想したり、Ⅲで書いたように、昔書いた寸劇の原稿を引っ張り出して、読み直してクスクス笑ったり——。いろいろなものから、脳の奥底で眠っていた記憶が呼び覚まされるのです。回想することで、脳が働いてくれますし、楽しい思い出は自分を上機嫌にしてくれます。

昔読んだ本を読み返し、思わぬ新発見をすることもあります。正直、家を建て替えるときに捨てなければよかったと後悔している思い出の品もあります。

家にあるものには、たとえ人から見たらがらくたでも、なにかしら思い出が詰まっています。ですから高齢になったら、無理して片付けてモノを減らそうと思わなくてもよいのではないでしょうか。

上機嫌の秘訣　5

他人の長所をほめる

「実るほど頭《こうべ》を垂れる稲穂かな」

子どものころ、よく親から聞かされた言葉です。当時は馬耳東風とばかりに聞き流していました。

しかし歳を重ねるにつれ、なるほど、親というのはいいことを言ってくれるものだと思うように。いささか優等生すぎるきらいはありますが、やはり大事な言葉だと肝に銘じています。

自分では、人様に対して威張ったことはないつもりですが、そう思い込んでいるところが傲慢につながるのかもしれません。ですから、ときどき自分に言い聞かせるようにしているのです。

私がわりとこの言葉をすんなり受け入れられたのは、いままでお手本になる先輩方や、素敵だなぁと思える人を間近でたくさん見てきたからかもしれません。Ⅲでも触れましたが、30代で日本婦人問題懇話会の諸先輩方と出会い、「わぁ、こんな立派な人たちがいるんだ」「すごいなぁ」と、子どものような感想を抱いたのです。

私にほめられる点があるとしたら、他者の長所にすぐ感心するところ。「あの人はすごいな」「素晴らしいな」と思ったら、手放しで感心します。そして少しでも近づけるよう、細々とですが、一応努力はしてきたつもりです。

凡人が努力を怠ったら、差は広がるいっぽう。ですから無理は承知で、「偉い人は大勢いるが、同じようにはなれなくても、努力すれば多少、差は縮まる……はずだ」と、自分を叱咤激励し続けてきました。

そして気づいたら、さまざまな場で旗振り役を仰せつかるように。そんなとき、「私がいまあるのは、多くの人に支えていただいたおかげ」と、感謝を忘れないようにしています。

でも、たまに「思いきりエバっていられたら、面白いかもなぁ」――などと思い、いろいろな場面を妄想してニヤニヤ笑うこともありますよ。

上機嫌の秘訣 6

「老い」をユーモアで笑いとばす

「ローバは一日にしてならず」。

数ある自作の造語のなかでもいちばん気に入っています。言わずもがなですが、「ローマは一日にしてならず」のもじりです。ほかにも「老人よ、財布と大志を抱け！」は、講演会で皆さんから笑いを頂戴しますね。

いままでずいぶんたくさんの造語を本に書き、講演でご披露してきました。もともとダジャレも好きだし、ユーモア第一主義。そんな私にとって、造語の発明は楽しい時間です。ご披露すると皆さんが笑ってくださるのでうれしいし、張り合いがあります。それに造語には、ひとことでパッと言いたいことが伝わる、というよさもあります。

さて、その「ローバは一日にしてならず」。年齢を重ねていくなかでは、男女ともども、膝や腰が痛くなったり、立ち上がるとき「ヨイショ」と思わず声が出たり。やがて段差がないところでもつまずいて転ぶ「転倒適齢期」が訪れます。「転倒適齢期」も最近の会心の作です。

老いは男にも女にも訪れますが、平均寿命は男性81・47歳、女性87・57歳（2022年発表）と女性のほうが長寿の傾向がある分、ローバ（老婆）として生きる時間が長いのが実情です。とはいえいまの時代に生きる私たちは、ローバになる速度も昔にくらべてゆっくりです。「70代はおしゃれ盛り」とばかり、自分らしい素敵なファッションを楽しむ人も増えていますし、お元気で活躍している方も大勢います。ときおりファミリーレストランやコーヒー店などで70代と思しき方々の〝女子会〟をお見かけしますが、皆さんじつによく喋り、よく笑う。どうやら箸が転んでもおかしいお年頃のようです。ですから70代に、まだまだ「ローバ」なんて言葉は似合わない。ちなみにマンガ『サザエさん』でおばあさんとして描かれているフネさんの年齢は、50代の設定です。いま思えば、隔世の感があります。

私自身、70代はまだまだ血気盛んでした。なにせ「70代は老いの働き盛り」などと威勢のよいことを言い、今日はこちらで講演、明日はあちらでシンポジウムと全国を飛び回り、その合間に執筆。嵐のような日々でした。ちなみに「70代は老いの働き盛り」という考えは、いまも変わっていません。

最初に異変を感じたのは70代半ば。駅の和式トイレで用をすませ、気分スッキリ。いざ立ち上がろうとしたら、どうしても立ち上がれないのです！　もう、冷や汗たらたら。この顚末は『老いの福袋』に書きましたが、そのときの焦りまくった気持ちはいまもはっきり覚えています。でもトイレでの「老いるショック」後しばらくは、特に変化はありませんでした。「よかったよかった、私はまだまだ若い！　あの出来事はなかったことにしよう」なんて思っているうちに、今度は77歳で大手術。それまでなだらかだったローバへの道が、少々急勾配に。でもそこからがんばってリハビリをしたおかげで、また道はなだらかになりました。

振り返ってみると、そんなふうにちょっとしたアップダウンを繰り返しながら、少しずつ本物のローバになっていくのですね。そして91歳のいま、もはや〝真正ローバ時代〟に突入です。人生100年時代と言われていますから、もし100まで生きるとすると、ローバになってからも長い！

幼少のころから、人の心を動かす言葉の力を信じてきた私は、ユーモアの力も信じています。「はじめに」で「好奇心は老いを豊かにする資産」と言いましたが、「ユーモアも老いの資産」だと思います。どちらもカタい頭をやわらかくしないと発揮できないものですから。皆さん、ユーモアを持って〝老い〟を面白がり、人生を思いっきり楽しまなければ損ですゾ。

上機嫌の秘訣 7

誰かの「微助っ人《びすけっと》」になろう

最後に、91歳のローバの心情を一句。

「老いてなお　我もなりたや　微助っ人」

「微助っ人」とは、「ちょっとした手助けをする人」のこと。私は、高齢者は支援を受ける側であるだけではないと思うし、今後も社会のため、助っ人として種を蒔《ま》き続けたいと思っています。

90代の体になって痛感する、「異次元のヨタヘロ」。いまは、助けていただくことが増えました。講演会で壇上に上がるときに手すりがない場合は人の手を、広いビルの移動では車椅子をお借りします。「差し伸べられた手」があれば、「ありがとうございます」とお礼を言い、感謝しつつ、お世話になっています。また、もし自分に助けが必要なときは、その旨を伝えるようにしています。

ただ、人に助けてもらうばかりになると、その人の性格によっては、「ごめんなさい」「すみません」「自分はなにもできなくて」という申し訳ない気持ちが先立ち、なんとなくしょんぼりしてしまう方もいるようです。

そんなときこそ、「自分もできる範囲で人助けをしよう」という心意気でいると前向きになれるのではないでしょうか。

荷物を抱えて大変そうな人の荷物を持ってあげるというような、身体的な手助けに限りません。たとえば、悩んでいる人がいれば寄り添って話を聞くことも手助けのひとつだと思います。近所で誰かとすれ違うとき、「こんにちは」と挨拶したり、会釈したりするのも心にうるおいを与えてくれる行為だと思います。笑顔のコミュニケーションはとくに効果的。仏頂面とは違い、笑顔は相手の不安をぬぐい、安心させる効果があると思いますよ。

「微助っ人」の本質は、いわば「お互いさまの精神」。助けたり助けられたりするのは、お互いさまに過ぎない。そのリアリティが根っこにあれば、何歳になっても、「微助っ人」になれると思います。

「思いやり」とちょっとした勇気があれば、誰でもできることなのです。ひょっとしたら、この言葉が、「困っている人に手を差し伸べる」のは難しいと思っている方の、心のハードルを下げてくれるかもしれないなとも思っています。

さらに、「自分もできる範囲で人助けをしよう」と思うことによって、自尊心も失わずにすむのではないかと思うのです。体が老いてしまうのは仕方がありませんが、感情は衰えずにいられるはず。いつも朗らかで「ご機嫌な人」と思われるのは気分がいいものです。

こうした私の大真面目な本心を、「ビスケット」なんて可愛く言い換えてみたわけですが、意外とうまく言えたなあと、少々ご満悦です。

おわりに

「ヒグチさんは、仕事をしているときは元気ですねえ」

仕事を手伝ってくれている助手から、よくそう言われます。たしかに盆暮れの休業期間中は、ぐうたらグセが出て、猫たちとのんびり寝てばっかり。だけど仕事となると途端にシャキッとする。長年の仕事が「自分のご機嫌とり」に一役かってくれているようです。書く、読むスピードこそ落ちてきてしまいましたが、原稿を書いたり、読書したり、子どもを支援する協会や内閣府のシンポジウムなどのオンライン会議に出たりしています。

老いの様相は日々変化していきますし、「できないこと」も増えました。でも、

「ま、この歳ならいろいろあらァな」と開き直り、「まだできること」を指折り数えています。

そんな91歳の日常エッセイが皆さんのお役に立てるのかしらとは思いますが、かねてより高齢者が自らの姿を社会に見せていくことは、社会福祉の向上に欠かせない重要なことだと思っていますので、本書ではそれを実践させていただいた次第です。高齢者にやさしい社会は、子どもや弱者、すべての世代の人にとって暮らしやすい社会になると考えています。

ふだんから、「超・少子高齢社会」における人口減少、経済格差、介護保険制度のニュースなどには必ず目を通していますが、その現実はとても厳しいものです。ただ近年、社会や地域のために尽力なさっている個人や団体の方々に出会う機会があり、新しい知恵と工夫に驚かされもしましたし、その前向きな姿に確かな希望を抱くことができました。私も負けないようにこれまでの経験を生かして、よりよい社会のための提言を生涯続けていきたいと思います。

90代になって、いま実感していることが2つあります。まず、「いくつになっても学びや発見の喜びがある」ということは、声を大にしてお伝えしたいですね。そして、「老いはかくも個性的」ということも。一人ひとり、老いの表れ方は違いますし、違っていいわけです。ＳＤＧｓの時代ですから、ひとくくりにせず、本人も社会も「老いの多様性」を意識することが大切。そこから新しい「老いの知恵」や「幸せに生きるためのアイデア」が生まれそうな気もします。

私はその意味で、人間の未来に楽観的です。

本書に収録した対談「われら同級生、91歳。戦禍も老いも生き抜いてきた」では、黒井千次さんにお世話になりました。同じ小学校、同じ大学を経てそれぞれ作家と評論家の道に進みましたが、この年齢になって邂逅できてとてもうれしかったです。黒井さんには『老いの味わい』など数々の名エッセイがありますが、老いと生の深淵をのぞきこみ紡ぎ出される表現にいつもハッとさせられています。

今回の本は、老後に役立つ88個の知恵をまとめた『老いの福袋』（2021年刊）、人生相談の問答集『老いの玉手箱』（2022年刊）に続く、3冊目となりました。雑誌『婦人公論』編集長の三浦愛佳さんに励まされて原稿に取り組みました。まとめるにあたっては、中央公論新社の府川仁和さん、ライターの篠藤ゆりさんにお世話になりました。助手の河野澄子さん、佐藤千里さん、いつもありがとう。娘と猫たちにも感謝至極。

そして、誰よりもこの本を手にとって読んでくださった皆さまに、心より御礼申し上げます。

2023年12月

樋口恵子

Ⅰ、Ⅱ、Ⅴ　書き下ろし

Ⅲ　『婦人公論』に連載のエッセイ「老いの実況中継」
2023年2月号〜2024年1月号の内容に大幅加筆

Ⅳ　黒井千次氏×樋口恵子氏対談（『婦人公論』2023年8月号）

樋口恵子

1932年東京生まれ。東京大学文学部卒業。時事通信社、学習研究社、キヤノン勤務などを経て、評論活動に入る。NPO法人「高齢社会をよくする女性の会」理事長。東京家政大学名誉教授。同大学女性未来研究所名誉所長。日本社会事業大学名誉博士。内閣府男女共同参画会議の「仕事と子育ての両立支援策に関する専門調査会」会長、厚生労働省社会保障審議会委員、地方分権推進委員会委員、消費者庁参与などを歴任。著書に『その介護離職、おまちなさい』『どっこい生きてる90歳　老～い、どん！ 2』『老いの福袋』『老いの玉手箱』などがある。

老《お》いの上機嫌《じょうきげん》
――90代《だい》！　笑《わら》う門《かど》には福来《ふくきた》る

2024年1月10日　初版発行
2024年5月20日　4版発行

著　者　樋口《ひぐち》恵子《けいこ》
発行者　安部順一
発行所　中央公論新社
〒100-8152　東京都千代田区大手町 1-7-1
電話　販売 03-5299-1730　編集 03-5299-1740
URL https://www.chuko.co.jp/

ＤＴＰ　市川真樹子
印　刷　大日本印刷
製　本　小泉製本

Published by CHUOKORON-SHINSHA, INC.
Printed in Japan　ISBN978-4-12-005733-5 C0095

樋口恵子の本

老いの福袋

あっぱれ！　ころばぬ先の知恵88

老年よ、大志とサイフを抱け！　ヒグチさんの日常は初めてづくしの大冒険。トイレ閉じ込め事件から介護、終活問題まで、人生100年時代を照らす「知恵とユーモア」がつまったエッセイ。反響続々のベストセラー

老いの玉手箱

痛快！　心地よく生きるヒント100

『老いの福袋』で大人気、ヒグチさんが人生の悩みに答えます！「お金がなく長生きが怖い」「親の加齢臭」「夫が姑化」「娘が冷たい」「義母の介護」「恋愛マナー」などさまざまな難問を〝言葉の妙薬〟でスッキリ解決